Frankfurts dunkle Seite

Für Werner, Annette und Reinhard

Elisabeth Lücke

Frankfurts dunkle Seite

Spektakuläre Kriminalfälle

SUTTON

To believe all men honest, would be folly.
To believe none so, is something worse.

John Quincy Adams (1767–1848)
Rechtsanwalt, Diplomat und 6. Präsident der USA

Sutton Verlag GmbH
Hochheimer Straße 59
99094 Erfurt
www.suttonverlag.de

ISBN: 978-3-95400-470-6
Gestaltung: Sutton Verlag
Druck: Florjančič Tisk d.o.o. / Slowenien

Inhaltsverzeichnis

Vorwort

John Quincy Adams hatte mit seiner Äußerung sicher recht, denn zu allen Zeiten gab es neben ehrlichen und rechtschaffenen Menschen eben auch diejenigen, die es mit dem Recht und Gesetz nicht so genau nahmen. Eigentumsdelikte, Erpressung, Mord und politisch motivierte Straftaten haben eine lange Geschichte und halten die Menschen von jeher in Atem. Eine besondere Bedeutung kommt den Straftaten dann zu, wenn sie sich im direkten Umfeld ereignet haben, sorgt doch das Wissen um den Tatort für eine gewisse Spannung.

Frankfurt wird gelegentlich als „capitale criminale“ beschworen, was – wenn man die Statistiken richtig liest – zu Unrecht geschieht. Die Straftaten werden lediglich auf die rund 700.000 Einwohner umgelegt; Pendler, Durchreisende, Touristen, Messebesucher werden außer Acht gelassen. Vielfach kommen in Frankfurt auch Delikte zur Anzeige, die an anderen Orten begangen wurden; das ist z. B. bei Kreditkartenbetrug der Fall. Befindet sich die Zentrale des Kreditkartenunternehmens in Frankfurt, geht hier die Meldung ein und der Fall findet in der Frankfurter Statistik seinen Niederschlag. So ergibt sich schnell ein falsches Bild.

Einige Straftaten, die hier begangen wurden, haben sich fest im Gedächtnis verankert. Wer weiß nicht um den Mord an der Edelprostituierten Rosemarie Nitribitt, der bis heute unaufgeklärt ist und bei dem die Nachforschungen bis in die obersten Kreise der Wirtschafts- und Finanzwelt gingen? Dieser Fall erschütterte die junge Bundesrepublik in ihren Grundfesten. Ähnlich spektakulär war etwa neun Jahre später die Ermordung einer „Kollegin“ von Rosemarie Nitribitt: Helga Matura, deren Mörder ebenfalls nicht gefasst wurde. Anders sah es im Jahr 1994 aus, als in einem Edelbordell im Kettenhofweg im Frankfurter Nobelviertel gleich vier russische Prostituierte ermordet wurden; ihr Täter konnte seiner Strafe zugeführt werden. Morde ereigneten sich nicht nur im Rotlichtmilieu, auch ein als unbescholten angesehener Ehemann hatte seine Ehefrauen vergiftet. Hier handelte es sich um einen der ersten Indizienprozesse weltweit, bei dem es Chemikern gelang, einen Giftmörder anhand von chemischen Analysen zu überführen. Gleich durch eine ganze Mordserie geriet Frankfurt Anfang der 1990er-Jahre in die Schlagzeilen, als der „Hammermörder“ sein Unwesen trieb und für Angst und Schrecken in der Wohnsitzlosen-Szene sorgte. Der geistig gestörte Täter konnte gefasst werden.

Nicht nur Mord, auch Raub und Betrügereien halten die Polizei in Atem. Der Überfall auf eine Rentenzahlstelle gehörte zu den spektakulären Aktionen; einer der Täter arbeitete nach Verbüßung der Haftstrafe als Lokalreporter bei der „Frankfurter Rundschau" und machte später Karriere als Schriftsteller. Ein Kunstraub aus der Schirn, bei dem u. a. zwei Leihgaben von der Londoner Tate Gallery entwendet wurden, sorgte 1994 für Aufsehen und endete auf abenteuerliche Weise glücklich mit der Wiederbeschaffung der geraubten Kunstwerke. In den 1990er-Jahren erfuhr ein Immobilienmakler überregional viel Aufmerksamkeit, weil er exklusive Objekte nicht nur in Frankfurt, sondern auch in München und Leipzig erwarb, sie umfassend sanierte und teuer verkaufte. Die Polit-Prominenz sonnte sich gern in seinem Licht. Sein Ansehen erlitt allerdings großen Schaden, als das Immobilienimperium, das auf Betrug aufgebaut war, zusammenbrach, was die Bankenwelt schwer erschütterte. Das große Geld erhofften sich auch zwei junge Männer, die ebenfalls im Immobiliensektor Fuß zu fassen suchten und schließlich durch massiven Betrug, extravaganten Lebensstil und mangelndes Fachwissen aufflogen; die S&K-Gruppe beschäftigt heute noch die Justiz und die geprellten Anleger warten noch immer auf ihr Geld. Ein origineller Betrug mit Euromünzen flog am Frankfurter Flughafen auf. Ein Erpresser der Firma Nestlé war ebenfalls auf eine außergewöhnliche Idee gekommen, um an seine geforderte Geldsumme zu gelangen, hier spielte eine Brieftaube namens „Charly" die entscheidende Rolle.

Immer wieder gab es politisch motivierte Straftaten, der Kampf gegen Anarchisten kostete gar einen Frankfurter Polizeipräsidenten das Leben. Rosa Luxemburg wurde in Frankfurt wegen ihres Aufrufs gegen den Krieg in der Liederhalle in Bockenheim mit einer Freiheitsstrafe belegt und auch der Freiheitskampf Algeriens hinterließ Spuren in der Stadt. Die RAF machte durch zahlreiche Taten im Eintreten für ihre politischen Auffassungen von sich reden: Mehrere Anschläge auf dem Gelände des IG-Farben-Gebäudes, Brandanschläge auf zwei Kaufhäuser auf der Zeil und die skrupellose Ermordung des Vorstandssprechers der Dresdner Bank, Jürgen Ponto, legen davon Zeugnis ab.

Zu den grausamsten Verbrechen allerdings gehören die Entführung und Ermordung von Jakob Fiszman und Jakob von Metzler, die aus Geldgier begangen wurden. Beide Verbrechen sind unvergessen und sorgten in besonderem Maße für Fassungslosigkeit und Entsetzen.

Rechtsgeschichte

Frankfurt wurde im Jahr 794 das erste Mal im Zusammenhang mit einer Synode urkundlich erwähnt. In der Königspfalz gab es zunächst einen Vogt, dem die Gerichtsbarkeit oblag. Später wählten Bürger einen Bürgermeister, der für die Polizeiverwaltung und niedere Gerichtsbarkeit zuständig war. Im Mittelalter gab es in Frankfurt keine schriftlich niedergelegte Verfassung, man berief sich auf Privilegien des Königs und Urkunden von Fürsten sowie auf Gesetze, die der seit 1266 tätige Rat der Stadt erlassen hatte. Der Schultheiß vertrat in Rechtsangelegenheiten den König und stand dem Reichsschöffengericht vor, das für die gesamte Wetterau und angrenzende Gebiete zuständig war.

Zu dieser Zeit gab es ein juristisches Werk, das die Rechtsprechung maßgeblich beeinflusst hat. Verfasst hat es der sächsische Ministeriale Eike von Repgow (vermutlich 1180–1235) aus Reppichau bei Dessau. Das Werk wurde zu einem der wichtigsten Rechtsbücher des deutschen Mittelalters, wenngleich es sich nicht um ein Gesetz handelte, sondern um schriftlich niedergelegtes Gewohnheitsrecht. Im 13. Jahrhundert wurde Rechtsprechung durch Laien ausgeführt, nur wenige Deutsche hatten an Universitäten studiert. Kenntnisse waren mündlich überliefert worden, lagen aber nicht in schriftlicher Form vor. Dies änderte der „Sachsenspiegel“, der vermutlich ab 1220 entstanden war; eine lateinische Urfassung ist nicht überliefert, wohl aber eine Niederschrift in niederdeutscher Sprache. Der Name „Sachsenspiegel“ weist darauf hin, dass der Leser – wie er im Spiegel sein Antlitz erblickt – in diesem Buch Recht und Unrecht erkennen kann. Neben Land- und Lehnrecht liegt ein Schwerpunkt auf Strafrecht, wobei es eine Verbindung zum heutigen Recht gibt: Schon damals gab es Regelungen, um Streit zwischen Nachbarn zu schlichten, wenn Bäume mit ihren Zweigen auf ein Nachbargrundstück ragten, Wurzeln auf ein anderes Grundstück wuchsen oder Obst auf fremdes Gebiet fiel. Vermutlich hat Eike von Repgow im Auftrag des Grafen Hoyer von Falkenstein die Niederschrift vorgenommen. Repgow war Rechtsberater und wollte im Streit zwischen Staufern und Welfen sowie Kaiser und Papst vermitteln und zum Rechtsfrieden beitragen.

Der „Sachsenspiegel“ wurde im Laufe der Jahrhunderte mehrfach verändert und war Vorbild für weitere Gesetzesbücher wie den „Augsburger Sachsenspiegel“, den „Schwabenspiegel“ und das „Meißner Rechtsbuch“. Auch sprachlich hat das Werk durch zahlreiche Sprichwörter Spuren hinterlassen, die uns heute noch geläufig sind, wie „Wer zuerst kommt, mahlt zuerst."

In der Chronik des Jahres 1297 erfährt man in Frankfurt Genaueres über die Gerichtsbarkeit: „Schultheiß, Schöffen, Bürgermeister und Rat teilen der Stadt Weilburg, die im Jahr 1295 von König Adolf Frankfurter Recht erhalten hatte, den Inhalt ihrer Freiheiten und Rechte, derer sie sich von alters her bedienen, in 31 Rechtssätzen mit. Das bisher nur mündlich überlieferte Frankfurter Recht erfährt dadurch in Form eines Weistums seine früheste teilweise Aufzeichnung." Hier wurde zwischen Todesstrafe (im Frankfurter Recht erstmals urkundlich erwähnt) und Leibstrafen unterschieden. Unter Leibstrafen sind Verstümmelungsstrafen zu verstehen, die auch als „spiegelnde" Strafen verstanden wurden, d. h. bei Meineid wurde die Zunge abgeschnitten oder durchtrennt. Im 16. Jahrhundert wurden Brandzeichen verwendet, um Straftäter kenntlich zu machen, in Frankfurt war es der Stadtadler, der aufgebrannt wurde; bei einem ersten Vergehen noch relativ diskret auf den Rücken oder die Handfläche, bei weiteren Vergehen direkt auf die Stirn. Falschmünzer wurden auf diese Weise bestraft; traf man bei der Frankfurter Messe jemanden, der den Stadtadler auf der Stirn eingebrannt trug, war höchste Vorsicht geboten. Da es kein zentral geführtes Strafregister gab, war dies eine Möglichkeit der Kennzeichnung.

Gefängnisstrafen im heutigen Sinn gab es zum Zeitpunkt dieser Chronik noch nicht, es war damals noch nicht üblich, Straftäter für eine bestimmte Tat und eine festgelegte Zeit zu inhaftieren, dies wurde erst später eingeführt. Allerdings gab es schon früh Orte, die dazu dienten, Verdächtige bis zur Verhandlung festzuhalten. Zu den Orten, an denen mutmaßliche Straftäter auf ein Urteil, Folter und Strafe warteten, zählten der Turm auf der Alten Brücke (Nordseite, Anfang des 19. Jahrhunderts abgerissen), der Rententurm am Fahrtor, der Eschenheimer Turm und die Katharinenpforte. Letztere war ein Durchgang zur Altstadt neben der Katharinenkirche, der aus zwei Türmen bestand, wovon der innere bis etwa 1790 als Gefängnis genutzt wurde. Heute noch heißt die kleine Straße an der Katharinenkirche „Katharinenpforte". Ferner gehörten die Haupt- und die Konstablerwache dazu, an die heute nur noch der Name des Platzes erinnert.

Ab dem 14. Jahrhundert ist das blutige Richten in Frankfurt bekannt; es gab einen Scharfrichter, der „mit dem scharfen Schwert richtete". Einen eigenen Scharfrichter leisteten sich nur größere, wohlhabendere Städte, andere Orte liehen sich bei Bedarf einen Scharfrichter aus. Einerseits wurden diese Männer benötigt, andererseits wurden sie gemieden. Ihr Vieh durfte nicht auf der Gemeindewiese grasen, im Wirtshaus durften sie allenfalls abseits an einem besonderen Tisch sitzen, niemand wollte ihre Töchter heiraten, sodass diese oft mit Söhnen anderer Scharfrichter verheiratet wurden. Scharfrichter selbst fanden nur schwer eine Frau, in zahlreichen Städten – so auch in Frankfurt – galt eine Zeit lang die Regelung, dass eine zum Tode verurteilte Frau ihr Leben retten konnte, wenn sie bereit war, den Scharfrichter zu ehelichen. Es soll Frauen gegeben haben, die den Tod vorzogen. Die beiden nachfolgenden Generationen eines Scharfrichters waren nicht zunftfähig, was bedeutete, dass sie nicht einfach einen Beruf ergreifen konnten, der ihnen gefiel. Sie traten daher in die Fußstapfen der Väter, sodass sich ganze Scharfrichter-Dynastien entwickelten, die „Zunfttage" abhielten und den Nachwuchs auch schon mal an Kohlköpfen üben ließen. Anfangs wurden Scharfrichter pro Hinrichtung entlohnt, später gab es einen Monatslohn. In Frankfurt fanden zwischen 1366 und 1400 etwa 135 Hinrichtungen statt. Bei dieser überschaubaren Anzahl pro Jahr war ein Scharfrichter natürlich nicht ausgelastet, weshalb er auch andere Aufgaben übernahm, die ebenfalls wenig angenehm waren. Er arbeitete als Hundefänger, Abdecker und „cloacarii", d. h. er war für das Leeren der Abortgruben zuständig. Dies geschah im Winter, dann kam der Scharfrichter mit seinem Gehilfen, sie kippten die Materie Kübel für Kübel auf einen Leiterwagen und leerten ihn in den Main. Eine weitere Tätigkeit war die des Hurenwirts, d. h. er hatte die Aufsicht über das Bordell. Ihr Budget besserten sich die Scharfrichter durch den Handel mit gruseligen Dingen auf: Ein Stück Henkerstrick sollte ein Talisman sein, ein abgeschnittener Diebesdaumen ein immer gefülltes Portemonnaie bedeuten und Blut von Hingerichteten half angeblich bei Epilepsie und Aussatz. Mithilfe der Hinrichtungen erwarben sich Scharfrichter detaillierte Anatomiekenntnisse, wodurch sie studierten Ärzten voraus waren, da das Sezieren lange Zeit verboten war. Sie waren es auch, die Gefolterte wieder auf die Beine brachten, wozu medizinische Kenntnisse vonnöten waren. Aus diesem Grund suchten hilfesuchende Kranke sie auch gelegentlich auf.

Das Jahr 1532 brachte eine große Veränderung im Rechtswesen: Auf dem Reichstag in Regensburg erlangte die „Constitutio Criminalis Carolina" (CCC), auch „Peinliche Halsgerichtsordnung" genannt, unter Karl V. Gültigkeit. Grundlage war die „Bambergische Halsgerichtsordnung" von 1507, die auf italienischen Rechtsschulen basiert. Die „Carolina" gilt als erstes deutsches Strafgesetzbuch und diente der Vereinheitlichung des Rechts im Heiligen Römischen Reich Deutscher Nation. Dieses Gesetz legte fest, dass Strafbarkeit schon zum Zeitpunkt der Straftat schriftlich niedergelegt sein musste. Die „Constitutio Criminalis Carolina" sah für zahlreiche Vergehen die Todesstrafe vor, so z. B. für Mord, Kindsmord, Vergewaltigung, Gotteslästerung, Homosexualität, Zauberei, Falschmünzerei und widernatürlichen Geschlechtsverkehr. Es wurde das Recht auf Verteidigung festgelegt und die „peinlichen Verhöre" wurden geregelt, „peinlich" bedeutete in diesem Fall nicht genierlich, sondern leitet sich ab von Pein, denn es ging um Folter. In einem ersten Schritt wurden die Folterinstrumente wie Daumenschrauben oder Streckleitern gezeigt, in einer zweiten Stufe angelegt und im dritten Schritt betätigt. Hierbei war Landesherrn aber durchaus Tür und Tor für

Das Grab von Anselm von Feuerbach auf dem Frankfurter Hauptfriedhof.

Willkür geöffnet. Ein unter Folter erpresstes Geständnis musste in den Tagen darauf noch einmal – ohne Foltereinwirkung – wiederholt werden.

Dem Rechtsgelehrten Paul Johann Anselm von Feuerbach (1775–1833) ist es schließlich zu verdanken, dass die Folter abgeschafft wurde. Zur Beseitigung der Missstände in der bayerischen Kriminaljustiz legte er 1806 den „Entwurf zur Abschaffung der Folter" vor, sieben Jahre später das „Strafgesetzbuch für das Königreich Bayern", wodurch die Folter endgültig abgeschafft wurde. Das Strafgesetzbuch war die Grundlage für Gesetzbücher in anderen Ländern. Sein Grundsatz „nulla poena sine lege" (keine Strafe ohne Gesetz) ist der Ausgangspunkt für den modernen Rechtsstaat und bedeutet, dass Gesetze allgemein bekannt, Straftatbestände klar formuliert sein müssen und das sich daraus ergebende Strafmaß feststehen muss.

Mit der Gründung des deutschen Kaiserreiches 1871 wurde das „Reichsstrafgesetzbuch" eingeführt, das die Ideen Feuerbachs übernahm und Basis für das heutige Strafgesetzbuch wurde.

1.

Raub, Diebstahl & Betrug

Henry Jaeger – Vom Ganoven zum Schriftsteller

Die Auszahlung der Renten an Pensionäre der Bundespost, die am 31. Dezember 1954 in einer Turnhalle am Oederweg vorgenommen werden sollte, wird allen Beteiligten noch lange in Erinnerung geblieben sein. Während die Pensionäre vor den Holztischen mit Gitterschaltern warteten, stürmten drei maskierte Männer die Turnhalle. Sie waren mit Maschinenpistolen (die sich später als Attrappen entpuppten) und Revolvern bewaffnet. Nach einem Warnschuss in die Decke verlangten sie die Herausgabe des Geldes. Aus einem Nebenraum wurde die Polizei alarmiert, die wenig später vor Ort war. Die Räuber konnten aber unerkannt entkommen und flohen in einem gestohlenen Citroën nach Bad Vilbel, wo sie in einen VW Käfer umstiegen und nach Offenbach fuhren. Hier wurde die Beute gezählt, wobei die Enttäuschung groß war, denn sie hatten nicht – wie erhofft – etwa eine Million DM erbeutet, sondern „nur" knapp 80.000 DM, was in Anbetracht der Tatsache, dass ein Angestellter im Monat etwa 400 DM verdiente, auch noch eine Menge Geld war. Wochenlang tappte die Polizei im Dunkeln, am 2. Mai 1955 jedoch kam es zum Durchbruch. Der Kopf der Bande konnte um 6 Uhr in der Frühe in Frankfurt verhaftet werden. Es handelte sich um Henry Jaeger, den Anführer der „Jaeger-Bande", die mehrere Raubüberfälle begangen und die Polizei in Atem gehalten hatte. Ein ehemaliges Mitglied hatte ihn verraten.

Henry (eigentlich: Karl-Heinz) Jaeger war der Sohn eines Bornheimer Kupferschmieds. Er hatte die Volksschule und das Gymnasium besucht, wo er wegen „Aufsässigkeit" aufgefallen war. Im Alter von 15 Jahren war er zur Flak abkommandiert und als Fallschirmspringer eingesetzt worden. Nach dem Krieg hatte er als Sanitätshelfer gearbeitet und die Abendschule besucht, denn er hatte den Plan gefasst, Arzt zu werden. Sein Budget hatte er mit dem illegalen Handel von Penicillin aufgebessert, mit dem US-Soldaten Tripper kurierten. Jaeger hatte rasch festgestellt, dass er mit Gaunereien zu Geld kommen konnte und so begann seine kriminelle Karriere. Er wurde zum Kopf einer Bande, die bundesweit agierte. Raubüberfälle und das Aufbrechen von Safes häuften sich. Beliebter Treffpunkt war das „Rotlint-Café" im Nordend, wo er vielleicht auch den Tipp bekam, die Rentenauszahlungsstelle zu überfallen, was – wie es später hieß – sein letzter großer Coup werden sollte, um danach ein geordnetes

Das Manuskript seines ersten Romans „Die Festung“ entstand auf einer Rolle Toilettenpapier.

Leben zu beginnen. Das Geld aus den Überfällen setzte Jaeger oft im Bahnhofsviertel um, wo er als gern gesehener Gast galt. Sein Auftreten im Maßanzug verlieh ihm die Aura eines Gentleman, wenn er in Bars oder Spielcasinos aufkreuzte. Tagsüber ging er in abgetragenen Anzügen einer Arbeit nach und packte in den Pausen ein spärlich belegtes Butterbrot aus.

Hiermit war es nun vorbei, als er 1956 zu zwölf Jahren Zuchthaus verurteilt wurde. Diese überaus strenge Art der Unterbringung von Häftlingen wurde erst im Zuge der Strafrechtsreform in den 1960er-Jahren abgeschafft. Zweieinhalb Jahre saß Jaeger in „Schweigehaft“, d. h. er bekam eine Einzelzelle, hatte keinerlei Kontakte und Gesprächsmöglichkeiten, einmal im Monat wurde ihm ein – wie er später sagte – „mieses“ Buch zugestanden. Zuerst saß er in Bruchsal ein, ab 1957 in Freiburg, was für ihn zu einem Glücksfall werden sollte, denn der dortige Gefängnispfarrer nahm sich seiner an. Er erreichte, dass Jaeger die Gefangenenzeitschrift „Die Brücke“ redaktionell betreuen durfte und 1959 eine Schreiberlaubnis bekam.

Mit dem Roman „Die Festung“ begann seine zweite Karriere, diesmal als Schriftsteller, das Manuskript erhielt ein überaus positives Echo. Thema des Romans ist die ostpreußische Flüchtlingsfamilie Starosta, die in einer Notunterkunft im Westen landet. Der Roman behandelt die Widrigkeiten des alltäglichen Lebens, mit denen die Familie zu kämpfen hat; ein Buch, das nicht nur sprachlich als äußerst gelungen gilt, sondern sich auch noch durch einfühlsame Schilderungen der Welt der Benachteiligten auszeichnet. Das Werk wurde von Literaturkritikern sehr ernst genommen und 1970 erschien eine Verfilmung mit Martin Held und Hildegard Knef in den Hauptrollen. „Die Festung“ wurde in über 20 Sprachen übersetzt. Von den Tantiemen des Buches zahlte Jaeger später die geraubten 80.000 DM zurück.

Aufgrund eines Gnadengesuchs wurde er 1963 durch den baden-württembergischen Ministerpräsidenten Kurt Georg Kiesinger auf Bewährung entlassen. Jaeger hatte Glück, denn der Herausgeber und Chefredakteur der „Frankfurter Rundschau“, Karl G., erklärte sich bereit, ihn ein Volontariat absolvieren zu lassen. Nach dem erfolgreichen Abschluss wurde Jaeger als Lokalredakteur übernommen und schrieb über die großen und kleinen Dinge, die einen Frankfurter so bewegen. 1965 zog es ihn in die Schweiz, wo er als freier Schriftsteller im mondänen Ascona lebte.

In seinen Werken schildert Henry Jaeger die Welt der Benachteiligten, der Menschen, die nicht zu ihrem Recht kamen, oder den Alltag im Gefängnis. „Die bestrafte Zeit“ brachte sogar eine bundesweite Diskussion über den Strafvollzug hervor. Keines seiner Werke jedoch erreichte das Niveau seines ersten Romans. Nachdem er enthusiastisch gefeiert worden war, warf man ihm vor, niveaulose Unterhaltung für die breite Masse zu schreiben, wozu vielleicht seine Kurzkrimis beitrugen, wenngleich sie unter Pseudonymen (Werner Scholl und Frank Peters) erschienen waren.

Auf dem „Germanenhügel“ lebten viele wohlhabende Deutsche, wie der Geigenvirtuose Helmut Zacharias in „Violin Hill“. Jaeger genoss das Luxusleben, allerdings wendete sich das Blatt; seine Ehe mit der Tochter eines Landgerichtspräsidenten scheiterte, seine Bücher ernteten Verrisse und als die Probleme nicht aufhörten, versuchte er, sie in Alkohol zu ertränken. Seine „Casa Elisabetta“ in Ascona konnte er nicht halten, die Villa über dem Lago Maggiore musste verkauft werden und er zog in das weniger luxuriöse Örtchen Losone um. Gesundheitliche Probleme führten dazu, dass er seine letzten Monate in der Klinik Centovalli verbrachte, wo er im Jahr 2000 im Alter von 72 Jahren verstarb.

Antonius Terburg – Schusswechsel am Theaterplatz

Am 1. Juni 1968 wurde in München der Kürschner Anton H. Opfer eines Raubmords. Der Täter, ein 35-jähriger Niederländer namens Antonius Terburg, gehörte zu einer Bande, die Prostituierte mit Pelzmänteln „belieferte“. Er konnte nach der Tat entkommen und setzte sich nach Frankfurt ab. Aus gut unterrichteten Kreisen im Milieu erhielt die Kriminalpolizei einen Hinweis, dass sich Terburg in der „Jim Beam Bar“

Heute steht an der Stelle, an der sich der Schusswechsel ereignete, der Eurotower, der 1977 für die Bank für Gemeinwirtschaft errichtet wurde.

im Bahnhofsviertel mit einem Hehler treffen wollte. Daraufhin wurde die Bar am 6. Juni observiert. Als Terburg sie weit nach Mitternacht verließ, konnte er nicht – wie geplant – von den Beamten überwältigt werden. Offenbar hatte er Verdacht geschöpft, denn es kam zu einer wilden Verfolgungsjagd durch das Bahnhofsviertel. Ein Taxifahrer, den die Beamten dabei um Hilfe baten, weigerte sich, in irgendeiner Form bei dem Unterfangen behilflich zu sein. Also ging die Verfolgungsjagd zu Fuß weiter. Am Theaterplatz, dem heutigen Willy-Brandt-Platz, stand zu der Zeit ein heruntergewirtschafteter Gebäudekomplex, in dem früher ein Restaurant mit dem Namen „Paprika" untergebracht war. Hier verschanzte sich Terburg in einem hinteren Gebäudeteil und nahm die Beamten unter Beschuss.

Ein Vordringen gestaltete sich wegen der Räumlichkeiten schwierig, denn die Beamten hätten eine Durchfahrt durchqueren müssen, was sie zu einem leicht erreichbaren Zielobjekt hätte werden lassen. Daher wurden weitere Beamte zur Unterstützung hinzugezogen. Insgesamt waren etwa 70 Beamte beteiligt. Per Megafon wurde Terburg zum Aufgeben aufgefordert, der aber beantwortete diese Meldungen mit weiteren Schüssen. Auch mit Tränengas versuchte man zu Terburg vorzudringen, was nicht gelang. Inzwischen war der Morgen angebrochen, Frankfurter waren auf dem Weg zur Arbeit und blieben in Anbetracht dieses ungewöhnlichen Ereignisses stehen. Es soll Passanten gegeben haben, die nach Jerry Cotton gerufen haben. Letztendlich gelang es aber der Polizei, mit einem gepanzerten Fahrzeug zu Terburg vorzudringen. Man fand ihn schließlich in einem Wandschrank hockend – tot. Er hatte in dieser Falle seinem Leben selbst ein Ende gesetzt. Somit konnte nur noch die Leiche geborgen werden. Bei diesem mehrstündigen Feuergefecht hatte die Polizei mehr als 1.000 Schüsse abgegeben; das ist ziemlich genau die Zahl, um die die Statistik über die verwendete Munition gegenüber dem Vorjahr erhöht war. Der Schusswechsel von über fünf Stunden Dauer war zu dem Zeitpunkt einer der längsten in der deutschen Kriminalgeschichte.

Terburg war in der Szene als Gewaltverbrecher bekannt, der sich seiner Grausamkeiten im Indochina-Krieg gerühmt und immer wieder betont hatte, dass die Polizei ihn niemals lebend fassen würde.

Kunstraub in der Schirn

Am späten Abend des 28. Juli 1994 ereignete sich in der Kunsthalle Schirn ein spektakulärer Raub: Aus der Ausstellung „Goethe und die Kunst" wurden drei Ölgemälde entwendet, die einen Versicherungswert von etwa 40 Mio. EUR hatten. Es handelte sich um zwei Gemälde von William Turner, die die Londoner Tate Gallery als Leih-

An der Stelle der heutigen Kunsthalle standen früher die Metzgerschirnen, d. h. offene Verkaufsstände, an denen Wurst und Fleisch feilgeboten wurden. Victor Hugo war begeistert davon und bemerkte, dass sie den Pariser Markthallen zur Ehre gereichen würden; Goethe hingegen war angewidert, wenngleich er die Produkte, wie den Schwartenmagen, durchaus schätzte und sich jahrelang nach Weimar schicken ließ.

In der Schirn werden Wechselausstellungen gezeigt, die eine breite Resonanz in der Republik erzeugen.

gabe zur Verfügung gestellt hatte, und um ein Gemälde von Caspar David Friedrich, das seit 1911 im Besitz der Kunsthalle Hamburg ist.

Nachdem alle Besucher gegangen waren, schlugen drei Täter einen Wachmann zu Beginn seines Rundgangs nieder, ehe er ein spezielles Sicherungssystem einschalten konnte, das bei jeglichem Eindringen Alarm ausgelöst hätte. So konnten die drei Gemälde unbemerkt abgehängt werden, wonach die Diebe mithilfe eines Schlüssels, den sie dem außer Gefecht gesetzten Wachmann abnahmen, ebenso unbemerkt entkommen konnten. Als die Tat entdeckt wurde, gehörte die Kuratorin der Ausstellung zu den ersten Personen, die am Tatort erschienen. Sie erinnerte sich daran, dass die

Polizei in der heißen Sommernacht stark gefordert war, denn außer um eine Leiche, die man erst nach zehn Tagen entdeckt hatte, musste sie sich nun um den Kunstraub kümmern, bei dem immerhin zwei der wertvollsten Kulturschätze der Briten verschwunden waren.

„Light and Colour" und „Shadow and Darkness" gehören zu einer Serie, die Turner ab 1843 geschaffen hat. Mit ihrem Abstraktionsgrad, der zu dieser Zeit noch sehr ungewöhnlich war, verweisen sie auf eine Richtung, die sich in der Kunst erst sehr viel später durchgesetzt hat.

„Nebelschwaden" entstand vermutlich 1820, es ist seit 1911 im Besitz der Kunsthalle Hamburg, die auch das „Eismeer" ihr Eigen nennt, ein Hauptwerk von Caspar David Friedrich.

Relativ schnell wurden zwei Diebe und ein Hehler gefasst, die später zu Haftstrafen von bis zu elf Jahren verurteilt wurden. Die Bilder aber blieben verschwunden und die Verurteilten schwiegen hartnäckig über den/die Auftraggeber. Die Spur führte in das Milieu der jugoslawischen Mafia zu einem Mann namens Stevo V., der in der Frankfurter Unterwelt auch als der „alte Stefan" bekannt war. Von ihm sollte der Plan stammen, die Bilder zu stehlen, um Lösegeld von den Kunsthallen zu erpressen. Als potenzieller Käufer wurde eine Unterweltgröße namens Carlos im spanischen Marbella genannt. Die Ermittlungen gerieten allerdings ins Stocken und brachten keine stichhaltigen Beweise.

1999 wurde der Frankfurter Anwalt Edgar L. eingeschaltet, eine schillernde Persönlichkeit. L. war häufiger als Strafverteidiger für Mitglieder der „Jugo-Mafia" in Erscheinung getreten. Ein Mitarbeiter von Scotland Yard, Sergeant J.R., „Rocky" genannt, der als verdeckter Ermittler tätig war, sprach ihn an, ob er bei der Auffindung der Gemälde von Turner behilflich sein könnte. L. sicherte sich bei der Staatsanwaltschaft ab, um am Ende nicht selbst wegen Hehlerei vor Gericht zu kommen. Danach konnte er im Auftrag der Tate Gallery tätig werden. Während der „Operation Kobalt" sollten keine Ermittlungen stattfinden, um ihm freie Hand zu lassen.

L. trat in Kontakt zu den Mittelsmännern und so gelang es ihm tatsächlich im Jahr 2000 nach aufreibenden Verhandlungen, das Gemälde „Schatten und Dunkelheit" von Turner zurückzubekommen. Die Menschen, mit denen er dadurch zu tun bekam, beschrieb er als gefährliche und unangenehme Zeitgenossen, wohingegen die Mittelsmänner bei der Übergabe des zweiten Turner-Gemäldes „Licht und Farbe" im Jahr 2002 wesentlich entspannter waren und er nicht um sein Leben fürchten musste.

Es handelte sich dabei um zwei ältere Herren, von denen einer Autohändler war und sich um den „Fuhrpark“ von Größen im Frankfurter Rotlichtmilieu kümmerte. Eine Zeit lang lagerten die gestohlenen Gemälde in seiner Werkstatt in der Nähe des Frankfurter Zoos, woraufhin eine Zeitung nach Bekanntwerden titelte: „Ölgemälde neben Ölkännchen“. Im Zusammenhang mit der Übergabe des zweiten Werkes von Turner wurde L. auch das Werk von Caspar David Friedrich gezeigt. Mittelsmänner hatten mehrfach in der Kunsthalle Hamburg angerufen, um ihren Forderungen Nachdruck zu verleihen. Der Vorstand der Kunsthalle lehnte jegliche Forderung ab und erklärte „Museen sind nicht erpressbar und es gibt keinen Markt für Diebesgut aus Museen.“ Anfangs hatten die Kunsträuber 1,5 Mio. EUR Lösegeld und 250.000 EUR „Vermittlungsgebühr“ gefordert. Nachdem die Kunsthalle hartnäckig geblieben war, wurden die Forderungen reduziert, sodass am Ende nur noch von 250.000 EUR die Rede war. Ein Kunstmäzen würde für die Summe aufkommen, hieß es vonseiten der Kunsthalle. L. trat für die Summe in Vorlage und übernahm das Gemälde, das er bei sich zu Hause in Handtücher einwickelte und im Klavier deponierte. Kurz darauf bekam er die Nachricht, dass der Kunstmäzen abgesprungen sei und der Etat der Kunsthalle eine solche Summe nicht bereithielt, daraufhin lieferte L. das Gemälde persönlich am 26. August 2003 bei der Kunsthalle Schirn ab. Es wurde auf Echtheit überprüft und man war erleichtert, dass es nicht beschädigt war. Lediglich Rahmen und Glas waren entfernt worden. L. äußerte sich stolz darüber, an der Rückführung der Gemälde beteiligt gewesen zu sein. Zwischen ihm und der Kunsthalle kam es trotz des Erfolgs allerdings zu einem Rechtsstreit, weil die Kunsthalle die 250.000 EUR nicht zahlen wollte, ein Verfahren, das für den Anwalt erfolgreich endete.

Auch die Tate Gallery schnitt bei dem Kunstraub erfolgreich ab: Nach dem Raub erhielt sie von der Versicherung Hiscox 24 Mio. Britische Pfund, wodurch die Eigentumsrechte an den Gemälden auf die Versicherung übergingen. Vier Jahre später erwarb die Tate Gallery für lediglich 8 Mio. Britische Pfund die Eigentumsrechte zurück, was bedeutete, dass die Gemälde bei Auftauchen wieder in den Besitz der Galerie gelangen würden. Trotz der hohen Lösegeldforderungen machte die Tate Gallery einen Gewinn, sie erhielt die Bilder zurück und konnte einen Anbau an die Galerie finanzieren. Seit 2003 sind die gestohlenen Gemälde wieder zu sehen.

Gerätselt wird noch darüber, weshalb die Lösegeldforderungen sich nur auf einen Bruchteil des Werts der Gemälde beliefen. Allein die Versicherungssumme für das Gemälde von Caspar David Friedrich lag bei etwa 1,9 Mio EUR. Unklar ist weiterhin, wer die Hintermänner waren und wo die Lösegeldsummen verblieben sind.

Der Programmdirektor der Tate Gallery in London hat ein Buch über den Diebstahl verfasst:

Sandy Nairne: Die leere Wand. Museumsdiebstahl – der Fall der zwei Turner-Bilder. Bern, Wien 2013.

Jürgen-Schneider-Affäre – Peanuts und Milliardenbetrug

Dr. Utz Jürgen Schneider (geb. 30. April 1934), Sohn eines mittelständischen Bauunternehmers, sorgte für einen der größten Wirtschaftsprozesse in der Bundesrepublik.

Schneider hatte Bauingenieurwesen in Darmstadt studiert, anschließend hatte er im Fachbereich Staatswissenschaften in Graz promoviert. Ab 1963 war er im väterlichen Betrieb tätig gewesen, allerdings hatte es zwischen Vater und Sohn die eine oder andere Unstimmigkeit gegeben. Als Schneider sen. seinem Sohn nicht die Unternehmensleitung übertragen wollte, kündigte dieser. Ihm gelang es, zu einem der bedeutendsten Bauinvestoren des Landes zu werden. Sein guter Ruf als Bauingenieur

Der „Fürstenhof" war einst ein Nobelhotel.

eilte ihm voraus und seine vermögende Gattin, deren Familie im Elektrohandel zu Wohlstand gekommen war, trug ebenso dazu bei, dass er für seine Projekte problemlos Kredite bekam. Erste Erfolge in der Immobilienbranche machten Lust auf mehr: Sein Plan bestand darin, historische Objekte in Toplagen zu erwerben, sanieren und teuer zu vermarkten. Schneider kaufte Objekte in Berlin, München, Frankfurt und Leipzig auf. So sind die Mädler-Passage und der Barthels Hof in Leipzig mit seinem Namen verbunden.

Vor Auerbachs Keller hängt ein Gemälde des Tübke-Schülers Volker Pohlenz. Er stellt darauf eine Szene aus Goethes „Faust" dar: Mephisto ist in die Rolle des Narren geschlüpft und bietet dem Kaiser Hilfe bei seinen finanziellen Problemen an. „Was könnte da zum Unheil sich vereinen, zur Finsternis, wo solche Sterne scheinen?" Der Maler hat Mephisto die Gesichtszüge von Jürgen Schneider verliehen.

Auch in Frankfurt erinnern verschiedene Objekte an Jürgen Schneider: der „Fürstenhof", die Zeilgalerie und die Schillerpassage.

Der „Fürstenhof" entstand auf Initiative eines Schweizer Hoteliers in der Nähe des fast zeitgleich errichteten Theaters (heutige Städtische Bühnen). Der Betreiber trug den klangvollen Namen Louis Bolle-Ritz, er war bis zu dem Zeitpunkt für die Gastronomie im Palmengarten zuständig. Die Presse lobte 1902 bei der Eröffnung dieses Nobelhotels, das mit komplettem Namen „Fürstenhof Esplanade" hieß, alle Annehmlichkeiten, wie die Ausstattung mit einer elektrischen Uhranlage, nahezu geräuschlos funktionierende Aufzüge und einen hochmodernen Zentralstaubsauger. Acht Jahre später allerdings schloss diese Nobelherberge ihre Pforten; einer Anekdote zufolge soll der Schah von Persien schuld gewesen sein, da er für seine Empfänge immer Hammel am Spieß braten ließ, wobei der Geruch sich nicht mehr verflüchtigte, was dann aber die Gäste in die Flucht trieb. Vermutlich hatte es jedoch mit der Lage zu tun, denn das Haus lag abseits des Centralbahnhofs (heutiger Hauptbahnhof), in dessen unmittelbarer Nähe ebenfalls zahlreiche Luxushotels entstanden waren und für Konkurrenz sorgten. 1914 wurde es zum Geschäftshaus umgebaut, in dem nach dem Zweiten Weltkrieg Büros des Bundesrechnungshofes und ab 1956 das Autobahnamt untergebracht waren.

Diese Immobilie erwarb Jürgen Schneider im Jahr 1986 und ließ sie entkernen, sodass nur die Fassade und das Treppenhaus mit der imposanten Marmortreppe erhalten blieben. Für den „Fürstenhof" hatte er Kredite in Höhe von 215 Mio. DM

Die Zeilgalerie wurde anfangs unter dem Namen „Les Facettes" vermarktet und bestach schon damals durch ihre außergewöhnliche Fassadengestaltung.

Auch die Schillerpassage gehört zu den Objekten von Jürgen Schneider.

Gut geschützt hinter einem hohen Zaum befand sich Jürgen Schneiders Schaltzentrale.

bekommen. Nach der Fertigstellung im Mai 1992 musste das Objekt 16 Monate als „Perle des Bahnhofsviertels“ beworben werden, ehe die Dresdner Bank als erster Mieter einzog.

Bei der Eröffnung der Zeilgalerie zeigte sich die Frankfurter Polit-Prominenz 1992 noch gern mit Dr. Schneider, ging es doch um ein Prestigeprojekt auf einer der umsatzstarken Einkaufsstraßen Deutschlands. Hierfür hatte Schneider von der Deutschen Bank Kredite in Höhe von über 400 Mio. DM erschwindelt. Die vermietbare Fläche hatte er mit mehr als 20.000 Quadratmetern angegeben, was nicht stimmte, denn diese beinhaltete Keller, Lager, Toiletten, Gänge und Passagen. Lediglich gut 9.000 Quadratmeter standen für die Vermietung zur Verfügung, das bedeutete natürlich ganz andere Mieteinnahmen. Schneider schuf aus dem Nichts über 30 „fiktive“ Mieter, deren „Verträge“ er alle auf der gleichen Schreibmaschine fälschte. Niemand bemängelte etwas, auch gab es keine Besichtigung der Immobilie, an deren Bauzaun man die tatsächlich vermietbare Fläche hätte ablesen können. (In München fiel auch niemandem auf, dass beim Bernheimer Palais zwei Stockwerke fehlten, somit auch ein Großteil der angegebenen vermietbaren Fläche.)

Der Bau mit etwa 50 Geschäften geht zurück auf das Darmstädter Büro Kramm+Strigl. Anfangs gab es nur aufwärtsführende Rolltreppen, der Rückweg musste zu Fuß unternommen werden. Schließlich besserte man nach und fügte auch abwärtsführende Rolltreppen ein, was sich allerdings nachteilig auf die Optik im Innern auswirkte. Das Wiener Designbüro 3deluxe hat 2011 weitere Veränderungen vorgenommen, so hängt jetzt an der Fassade ein 260 Quadratmeter großer Medienscreen mit 14.000 Leuchtdioden.

Schneider besaß zu dieser Zeit ein hohes Ansehen als Geschäftsmann, verfügte über ein seriöses Auftreten und lebte in gediegenem Wohlstand. Dies präsentierte er immer wieder gern in der „Villa Andreae" in Königstein, der Schaltzentrale seiner etwa 150 Tochterunternehmen. Umgeben von teuren Antiquitäten, fanden hier Arbeitsessen statt, bei denen über neue Kredite gesprochen wurde. Schneider hatte es nicht nötig, sich in die Banken zu begeben, die Banker kamen – wie er einmal mit Genugtuung bemerkte – zu ihm.

Das gediegene Anwesen der „Villa Andreae" verfügt über fast 30 Zimmer und etwa 1.500 Quadratmeter Wohnfläche. Den schlossartigen Bau errichtete Franz von Hoven 1891 für Albert Andreae de Neufville, Privatbankier und Mitbegründer der Commerz- und Disconto-Bank. 1997 erwarb der Software-Unternehmer Hartmut Lademacher (LHS) das Anwesen aus der Schneider'schen Konkursmasse und brachte die Vermögensverwaltung SMM dort unter. Inzwischen steht der Bau wieder zum Verkauf. Bei P & P Sotheby's Realty wird der Preis mit 6.400.000 EUR veranschlagt.

Eine zu optimistische Einschätzung der Entwicklung in der Branche und die Stagnation der Immobilienpreise nach dem ersten Hoch im Zuge der Wiedervereinigung beider deutscher Staaten führten zu einer Überhitzung des Marktes und viele Objekte erwiesen sich als unverkäuflich. Auch waren zahlreiche Objekte Anfang der 1990er-Jahre fast gleichzeitig vollendet, sodass es zu einem Überangebot kam. Anfang April 1994 informierte Schneider seinen Hauptgläubiger, die Deutsche Bank, wies auf den Wert seiner Objekte hin und forderte Überbrückungshilfe. Weiter hieß es, er sei gesundheitlich angeschlagen und würde ins Ausland reisen. Es bestätigte sich, dass Schneider in großen Schwierigkeiten steckte und das Konkursverfahren wurde eröffnet. Schneider hinterließ Schulden in Höhe von etwa 7 Mrd. DM, davon etwa 50 Mio. DM an offenen Handwerkerrechnungen. Der Pressesprecher der Deutschen

Bank bezeichnete sie in Anbetracht der Gesamtsumme als „peanuts", was daraufhin als Unwort des Jahres 1994 in die Sprachgeschichte einging und zum geflügelten Wort wurde.

Carlo Rola inszenierte 1996 den Film „Peanuts – die Bank zahlt alles", eine Satire auf Jürgen Schneider mit Ulrich Mühe in der Hauptrolle, in der er als Dr. Jochen Schuster auftritt. Die Bank, die ihm Kredite gewährte, heißt in dem Film „Germanische Bank".

Man vermutete ihn in Südamerika oder der Schweiz; in der Boulevardpresse wurde sogar darüber spekuliert, dass Schneider es sich auf einer Luxusjacht eines Scheichs gut gehen ließe. Tatsächlich lebten Schneider und seine Frau in einem eher bescheidenen Appartement in Miami, wo man sie am 18. Mai 1995 verhaftete. Sie waren am 6. April 1994 über Genf nach Washington und schließlich nach Miami geflogen. Die Staatsanwaltschaft beantragte die Auslieferung aus den USA. Beamte des Bundeskriminalamtes begleiteten das Ehepaar auf seinem Heimflug nach Frankfurt, wo sie vom Staatsanwalt unter Blitzlichtgewitter in Empfang genommen wurden. Schneider soll ihn gönnerhaft mit den Worten „Gut gemacht, Junge!" begrüßt haben. Das Verfahren vor dem Landgericht wurde auf 41 Tage angesetzt. Es hieß, man habe Eintrittskarten ausgeben müssen, um den Besucherandrang zu kanalisieren. Die Akten zu dem Fall füllten einen ganzen Raum. Als Zeugen waren Vertreter von über 50 Banken geladen.

Richter G. geißelte die Nachlässigkeit der beteiligten Banken, eine strafrechtliche Verfolgung der am Skandal beteiligten Kreditinstitute fand allerdings nicht statt. Zwei Topmanager der Kölner Centralbodenkredit, die zur Deutschen Bank gehört, räumten ihren Platz. Die Schneider Pleite bedeutete einen enormen Imageverlust für die Deutsche Bank, die schließlich die offenen Handwerkerrechnungen beglich. Das Urteil für Jürgen Schneider, den man wegen Kreditbetruges und Betruges in schweren Fällen sowie betrügerischen Bankrotts angeklagt hatte, lautete am 23.Dezember 1997: sechs Jahre und neun Monate Haft, die er nur bis Dezember 1999 absaß, da die Untersuchungshaft angerechnet wurde und er nur zwei Drittel seiner Strafe verbüßen musste. Eine Zeitlang war er Freigänger und arbeitete bei einer Schreinerei in Karben in der Buchhaltung, wo er an seinem Buch „Bekenntnisse eines Baulöwen" arbeitete. Die vergleichsweise milde Strafe wurde mit der Mitschuld der Banken begründet, die Angaben ungeprüft übernommen und gegen Vorschriften des Kreditwesen- und Hypothekenbankgesetzes verstoßen hatten.

Diese beiden neobarocken Geschäftsbauten stammen aus dem Jahr 1897 und gehörten zur Konkursmasse von Jürgen Schneider.

Schneider hatte den Plan, in den beiden auf dem Foto gezeigten Geschäftsbauten in der Kaiserstraße ein Ladenkarree und Büros zu errichten. Bei seiner Flucht nach Miami waren die Gebäude schon geräumt und die Umbauten sollten beginnen. Stattdessen riegelte man die Häuser mit Bauzäunen ab und sie standen zwölf Jahre leer, ehe sich ein Investor fand, der 21 Mio. EUR investierte, um die inzwischen marode Bausubstanz zu retten. Außer der massiv abgestützten Straßenfront ist nicht mehr viel vom Original erhalten geblieben. Entstanden ist ein moderner Stahlbetonbau hinter der Fassade. Die Investoren waren in diesem Fall von der Auflage befreit, einen Wohnanteil von 15 Prozent zu integrieren. Laut Planungsamt war man froh, dass dieser Schandfleck behoben wurde. Es hätte einen Riesenaufwand bedeutet, Büroetagen in Wohnraum abzutrennen und umzuwandeln.

2013 fand Jürgen Schneider wieder den Weg in die Schlagzeilen, denn er beriet zeitweilig Stephan S. von der S&K-Gruppe, die in einen millionenschweren Anlageskandal verstrickt ist (siehe nächstes Kapitel).

S&K-Skandal – Dekadenz am Grauen Kapitalmarkt

Schon die über 20 Firmenschilder aus Messing am Briefkasten des Hauses Kennedyallee 123 wiesen auf ein unübersichtliches Firmenkonsortium hin; die imposante Immobilie jedoch beeindruckt und lässt Seriosität vermuten, ein Wesenszug, den die Geschäftsführer der Firma S&K vermissen ließen. Die nach den beiden Gründern Stephan S. und Jonas K. benannte Firma ist in eine der größten Anlagebetrügereien der jüngeren Geschichte verwickelt. So sollen Anleger in dreistelliger Millionenhöhe geprellt worden sein.

Jonas K. wuchs in einem kleinen Ort in Unterfranken auf, er ist der älteste Sohn eines Krankenpflegers und einer Krankenschwester. Als er mit seinem Kumpel Stephan S., einem Bodybuilder, durch eine Zwangsversteigerung verhältnismäßig

Hier befand sich die Zentrale der S&K-Gruppe, die Miete belief sich pro Monat auf etwa 17.000 EUR. Heute ist dort das Generalkonsulat Nigerias untergebracht.

günstig an eine Wohnung kam, tauchte 2000 die Idee auf, sich in der Immobilienbranche zu betätigen. Bei Zwangsversteigerungen sollten Immobilien unter dem Verkehrswert ersteigert und Mehrfamilienhäuser zu Eigentumswohnungen umgewandelt werden. Die S&K-Gruppe sammelte Geld für Immobilien von Anlegern, denen sie Renditen von bis zu zwölf Prozent versprachen. Das gediegene Interieur des Firmensitzes – die Firmengründer schauten in Öl verewigt auf die Besucher herab – und vielversprechende Hochglanzbroschüren ließen keine Zweifel aufkommen; hier wähnten die Anleger ihr Geld in guten Händen. Dabei hätte die versprochene Rendite sie schon aufhorchen lassen müssen; wer sicherheitsorientiert investiert, kann bei Objekten, die durch langfristige Mietverträge abgesichert sind, allenfalls eine Rendite von etwa vier Prozent erwarten. Die Firma arbeitete offenbar nach einer Art Schneeballsystem und wenn ein Anleger sein Geld zurückforderte, erhielt er einfach das Geld eines neuen Anlegers, denn die eingenommenen Gelder wurden nicht in Immobilien investiert, sondern dienten größtenteils der Finanzierung eines aufwändigen Lebensstils.

In der Kennedyallee 123 – auch als „Partyvilla" bekannt – wurden extravagante Feste gefeiert, wozu auch schon mal ein Elefant eingeflogen wurde oder die Gastgeber per Helikopter mit Firmenlogo anreisten. Teure Autos wurden ebenso zur Schau gestellt wie Models, die gelegentlich als Nixen im überdimensionalen Champagnerglas präsentiert wurden.

Auch im privaten Leben wurde ein eher aufwändiger Lebensstil gepflegt, bei einem Jahresgehalt von etwa 6 Mio. EUR, das sich die beiden Geschäftsführer überwiesen, kein Kunststück. Für den arthrosegeplagten Dobermann von S., der auf den klangvollen Namen „Cash" („Bargeld") hörte, gab es ein Wassertherapiebecken mit Unterwasserlaufband, um seine Gelenke zu entlasten, und einen mit Swarovski-Steinen verzierten Fressnapf. Der Hausherr konnte sein Haupt auf einem etwa 70.000 EUR teueren Boxspringbett zur Ruhe betten. Jonas K. ließ sich gern vor dem Motto „Get rich or die trying" („Werde reich oder stirb bei dem Versuch"), das er in Stein hatte meißeln lassen, ablichten und weckte damit Assoziationen an das Album des Rappers 50 Cent.

Fotos im Internet zum ausschweifenden Lebensstil der Geschäftsführer stießen auf große Aufmerksamkeit. Bereits im Juli 2012 war in der Fondszeitung von einem Berliner Börsenspezialisten vor den Produkten der S&K-Gruppe gewarnt worden. Im Februar 2013 kam es schließlich zu einer Großrazzia in über 130 Objekten in verschiedenen Bundesländern; es wurden über 10.000 Rechner und Datenträger beschlagnahmt. Die Datenfülle, die es zu untersuchen galt, umfasste mehrere Hundert Terabyte (ein Terabyte sind etwa 250 Millionen Schreibmaschinenseiten). Neben den Geschäftsführern wurden weitere Personen in Untersuchungshaft wegen Betruges mit Kapitalanlagen genommen. Nach Verhaftung der Geschäftsführer meldeten alle

Fonds der S&K-Gruppe Insolvenz an. Anfangs ging man davon aus, dass Tausende Anleger über 100 Mio. EUR geprellt worden seien, inzwischen nimmt man an, dass der Schaden sich auf mehr als das Doppelte beläuft. Nach Sichtung der beschlagnahmten Vermögenswerte kann nur ein Bruchteil des Schadens davon abgedeckt werden. Zu den Vermögenswerten gehören Goldbarren, Grundstücke, teure Musiktechnik, kostspielige Uhren der Marken Rolex, Hublot und Glashütte. Auch der Fuhrpark wartet mit klangvollen Namen auf: Porsche, Bentley Cabrio, 7er-BMW und Aston Martin. Wie die „Bild-Zeitung" titelte, gehört auch ein Lamborghini in „Müllabfuhr-Orange" dazu. Ebenfalls fand man bei der Durchsuchung eine nicht unerhebliche Menge an Bargeld; aus der Villa von Jonas K. im bayerischen Erlenbach transportierte die Polizei rund 400 Säcke mit Münzen ab, der Hausherr badete schon mal gern im Bargeld wie Dagobert Duck.

Im September 2013 sorgte einer der ehemaligen Geschäftsführer der S&K-Gruppe ein weiteres Mal für Aufsehen: Stephan S. war aus der Justizvollzugsanstalt in Weiterstadt nach Preungesheim gebracht worden, um in einem Zivilverfahren vor dem Landgericht Frankfurt auszusagen. Er wurde in Handschellen in den Saal 116 b gebracht; da die Temperaturen noch sehr sommerlich waren, stand das Fenster im ersten Stockwerk offen. Der durchtrainierte Bodybuilder rannte seinen Bewacher um und sprang mit vor dem Körper durch Handschellen gefesselten Händen in die Tiefe, wo er verletzt auf dem Trottoir liegen blieb. Wegen seiner Frakturen und einer Verletzung der Wirbelsäule wurde er noch am gleichen Tag operiert. Bisher wurde noch keine Anklage erhoben, dies wird noch 2014 erwartet.

Die S&K-Gruppe gehörte zum „grauen" Kapitalmarkt, der im Gegensatz zum „weißen" nicht der staatlichen Finanzaufsicht unterlag. Es gab zahlreiche Skandale im Zusammenhang mit Anlagebetrug, speziell bei geschlossenen Fonds, die in Windparks, Immobilien und Schiffe investierten. Aus diesem Grund wurden die gesetzlichen Regelungen verschärft. Was für Banken schon lange galt, gilt nun größtenteils auch für freie Vermittler und Mitarbeiter von Finanzvertrieben: Beratungen müssen protokolliert werden, das Protokoll ist dem Anleger auszuhändigen und es muss eine Aufklärung über die Provision erfolgen (je höher die Provision, umso riskanter ist das Produkt). Ferner muss der Gewerbeaufsicht gegenüber ein Nachweis der Sachkunde erbracht werden. Bodybuilder-Kenntnisse reichen da einfach nicht mehr aus.

Die Falschmünzer vom Frankfurter Flughafen

Zweimal im Jahr werden bei der Bundesbank Prognosen über die Menge des benötigten Münzgelds erstellt, die sich erhöht, wenn der Anteil der über 65-Jährigen an der

Gesamtbevölkerung steigt, denn diese Gruppe gilt als besonders „bargeldaffin". Ist der Bedarf ermittelt, wird vom Bundesministerium der Finanzen ein Auftrag an eine der fünf Münzprägeanstalten in Berlin, Hamburg, Karlsruhe, München oder Stuttgart erteilt. Münzen haben – wie auch Geldscheine – nur eine begrenzte Lebensdauer. Wenn sie nicht mehr umlauffähig sind, werden sie „entwidmet", also wertlos gemacht; dies geschah in Deutschland bis 2007 dadurch, dass man den Kern („Pille" genannt) vom andersfarbigen Ring trennte, ein Verfahren, das heute noch in vielen Ländern der Eurozone Verwendung findet. Dann wird der Münzschrott versteigert, was durch die bundeseigene Treuhandgesellschaft VEBEG geschieht. Beteiligen können sich an den Versteigerungen sowohl Firmen als auch Privatpersonen. Allein im Jahr 2010 versteigerte die VEBEG etwa 480 Tonnen an schrottreifen Münzen.

Die VEBEG wurde 1951 gegründet, wobei das Kürzel für Verwertungsgesellschaft für Besatzungsgüter steht. Heute ist sie eine Treuhandgesellschaft, deren alleinige Gesellschafterin die Bundesrepublik Deutschland ist, die durch das Bundesministerium der Finanzen vertreten wird. Aufgabe ist die treuhänderische Verwertung von beweglichen Gütern, zu den Auftraggebern zählen u. a. die Bundeswehr und der Katastrophenschutz.

2010 fanden Zollfahnder am Frankfurter Flughafen bei einer Routinekontrolle im Gepäck eines Reisenden einen Sack mit 1- und 2-Euromünzen, deren Wert sich auf etwa 9.000 EUR belief, eine Summe, die unter 10.000 EUR lag und daher nicht angemeldet werden musste. Abgesehen davon, dass ein Sack mit diesem Inhalt ein eher unübliches Reisegepäck darstellt, wurden die Beamten stutzig, denn die Münzen waren beschädigt. Der Reisende wich aus und verwies darauf, dass er lediglich einem chinesischem Bekannten einen Gefallen tun wolle, denn bei der Bundesbank in Frankfurt könne man ja beschädigtes Geld gegen umlauffähiges Geld umtauschen. Die Ermittler hielten die Augen offen und stießen immer wieder auf Reisende, die hohe Summen an beschädigten Euromünzen einführten – immer unter der Grenze, die hätte deklariert werden müssen. In mehreren Fällen waren es Flugbegleiter, die auffielen, weil sie unglaublich schweres Gepäck mit sich führten. Bei den Behörden lag der Verdacht nahe, dass eine Gruppe Krimineller Münzschrott ersteigerte, in China zusammensetzen ließ, um die lädierten Münzen dann bei der Bundesbank gegen echtes Geld einzutauschen.

Im Frühjahr 2011 wurde dieser spektakuläre Betrug aufgedeckt: Etwa 29 Tonnen an 1- und 2-Euromünzen waren offensichtlich als Schrott ersteigert und in China wieder zusammengesetzt worden; der Schaden wurde auf ungefähr 6 Mio. EUR geschätzt. Sechs Männer im Alter von 28 bis 45 Jahren wurden verhaftet, es handelte sich um vier Chinesen, einen Deutschen und einen aus China stammenden Mann mit deutschem Pass. Drei von ihnen waren Flugbegleiter, die den Umstand nutzten, dass ihr Gepäck keinen Gewichtsbeschränkungen unterliegt. Bei einer Razzia wurden Objekte wie die Wohnungen und Arbeitsplätze der Verdächtigen durchsucht, dabei entdeckte man eine Anlage, um die Münzen wieder zusammenzusetzen, was den Verdacht nahelegte, dass die „Reparatur" der Münzen nun nicht mehr nur in China vonstatten gehen sollte.

Die Bundesbank reagierte entsetzt in Anbetracht der Ereignisse, hatte sie doch zweimal gezahlt: einmal, um die beschädigten Münzen kostenfrei zu ersetzen (zum Tatzeitpunkt war sie die einzige Zentralbank, die diese Leistung erbrachte) und ein zweites Mal, als die „recycelten" Münzen wiederum eingereicht wurden. Die Bundesbank wies den Verdacht von sich, dass eigene Mitarbeiter an dieser Entsorgungsaktion beteiligt seien.

Ende 2011 ergingen in zwei Prozessen vor dem Landgericht Frankfurt die Urteile wegen gewerbsmäßigen Betrugs und In-Umlauf-Bringens von Falschgeld. Die Höchststrafe lag bei drei Jahren und neun Monaten. Es wurde Revision eingelegt und der Bundesgerichtshof rollte das Verfahren 2013 neu auf, denn die Angeklagten könnten nicht wegen Inverkehrbringens von Falschgeld verurteilt werden, sie hätten der Bundesbank lediglich beschädigte Münzen, was deutlich sichtbar war, zum Umtausch übergeben. Grundlage für die Haftstrafe war jedoch der Vorwurf, die zusammengesetzten Münzen in Umlauf gebracht zu haben, ein Thema, mit dem sich die Juristen erneut befassen.

Auch Banknoten, die nicht mehr umlauffähig sind, müssen entsorgt werden. Früher wurden per Hand zerknitterte, durchlöcherte, beschmutzte oder eingerissene Geldscheine aussortiert, dies geschieht nun durch eine Geldbearbeitungsanlage. Sollte ein Geldschein einen Waschgang in der Waschmaschine auf den ersten Blick überstanden haben, so ist er doch nicht mehr umlauffähig, weil die Sicherheitsmerkmale beschädigt sind, und wird aussortiert. Im Schnitt landet jede Banknote 3,5 Mal zur Kontrolle bei der Bundesbank, ehe sie wieder dazu benutzt wird, z. B. Geldautomaten zu bestücken. Die 5-Euro-Note hat die kürzeste Lebensdauer. In großen Leinensäcken gelangen einige der ausrangierten Banknoten zur Bundesbank, die etwa drei Mal in der Woche einen großen Schredder einschaltet, damit aus dem bedruckten Papier ganz kleine Schnipsel werden. Dieses Gerät steht streng gesichert im Keller der Bundesbank, Zugang zu dem mit Kameras überwachten Raum erhält man durch eine Stahltür, die nur vier Mitarbeiter gemeinsam mit verschiedenen Schlüsseln öffnen können. Der Schredder produziert ungeheuer kleine Schnipsel (etwa ein oder zwei Millimeter

Die unversehrten Geldscheine dieses „Briketts" entsprachen ursprünglich einem Gegenwert von 50.000 EUR. Es ist ein beliebtes Souvenir nach dem Besuch des Geldmuseums in der Bundesbank.

breit und fünf Millimeter lang) mit ungleichen Kanten, was keinem Aktenvernichter gelingt. Pro Tag können hier 1,5 Mio. Geldscheine oder 1.500 Kilogramm Papiergeld zu Konfetti verarbeitet werden. Stark vermischt, werden die Schnipsel zu „Briketts" gepresst und dienen in einer Müllverbrennungsanlage der Energiegewinnung. Im Jahr sind es so etwa 35 Milliarden EUR, die durch den Schornstein verschwinden.

In den 1970er-Jahren wurden die ausrangierten Banknoten gelocht und in der Notenverbrennungsanlage der Hauptkasse der Bundesbank direkt verbrannt, ein Verfahren, das aus Umweltschutzgründen inzwischen aufgegeben wurde. Drei Mitarbeitern der Bargeld-Vernichtungsgruppe, wie die für diese Arbeit zuständigen Personen heißen, tat es offenbar in der Seele weh, den Gegenwert zweier schmucker Villen im

Das Geldmuseum wurde 1999 eröffnet und vermittelt interessante Informationen zum Thema Geld. Ab 1. September 2014 wird das Haus für einige Zeit schließen, denn die Dauerausstellung wird überarbeitet, u. a. soll der Euro mehr Beachtung finden. Die Wiedereröffnung ist für das Jahr 2016 geplant.

Taunus zu Asche werden zu lassen. Von 1974 bis 1979 landeten deshalb 2,4 Mio. DM nicht im Verbrennungsofen, sondern in privater Hand. Die Mitarbeiter, die in unterschiedlichen Positionen tätig waren und etwa 3.000 DM im Monat verdienten, lebten bis zur Tat unauffällig im Rhein-Main-Gebiet. Einer der drei Angeklagten hatte den plötzlichen Wohlstand seiner Frau gegenüber mit einem Lottogewinn erklärt, ein anderer fiel durch überaus großzügige Spenden an karitative Organisationen auf. Die Tat flog auf und die drei Täter wurden zu Haftstrafen zwischen drei und dreieinhalb Jahren verurteilt.

Im Geldmuseum können Sie sich nicht nur über Mittel des Naturaltausches, die legendären Münzen von Krösus oder das erste Papiergeld aus China informieren, Sie können auch überprüfen, ob die Geldscheine, die Sie in Ihrem Portemonnaie herumtragen, „Blüten“ sind.

Geldmuseum der Deutschen Bundesbank
Wilhelm-Eppstein-Straße 14
60431 Frankfurt/Main
www.geldmuseum.de

2.

Entführung & Erpressung

Die Entführung von Jakob Fiszman

Jakob Fiszman war ein wohlhabender Frankfurter Unternehmer, dessen Vermögen durch Handelsgeschäfte mit Osteuropa entstanden war. Sein Vater, Uszer Fiszman, der aus Polen stammte, hatte den Grundstock dazu gelegt. Er handelte mit Unterhaltungselektronikgeräten, ein Geschäft, das der Sohn mit zwei Unternehmen fortführte. Sein Vermögen, zu dem auch Immobilien in Frankfurt gehörten, wurde auf mehrere hundert Millionen DM geschätzt. Der 40-Jährige lebte mit seiner Lebensgefährtin zurückgezogen in Frankfurt, in den Medien fand er lediglich im Zusammenhang mit der Finanzierung des Musicals „Tommy“ Erwähnung.

Auf diesem Firmenparkplatz nahm die Entführung ihren Anfang.

Als der Unternehmer am 1. Oktober 1996 spät am Abend sein Büro in der Ost-West-Exportcompanie an der Eschborner Landstraße in Rödelheim verließ, wurde er überfallen und entführt.

Die Entführer forderten 3,5 Mio. DM Lösegeld, woraufhin die Familie auf einem Lebenszeichen des Entführten bestand. Jakob Fiszman konnte seiner Familie telefonisch mitteilen, dass er nach der Übergabe freigelassen werden würde. Dieses Telefonat sollte das einzige Lebenszeichen sein, das die Familie erhielt. Um das Opfer nicht zu gefährden, bewahrte die Polizei Stillschweigen. Eine erste Übergabe des Lösegeldes scheiterte, sodass am 10. Oktober eine zweite Übergabe vereinbart wurde, inzwischen war die Summe auf 4 Mio. DM erhöht worden. Dieses Mal gelang die Übergabe an einem Autobahnrastplatz in der Nähe von Bad Camberg; die Tasche mit 4.000 Eintausendern wurde am vereinbarten Ort abgeholt, nun wartete man auf die Freilassung – vergeblich. Jetzt beschloss die Polizei, an die Öffentlichkeit heranzutreten und bat um sachdienliche Hinweise. Es gingen über 300 Anhaltspunkte ein, von denen die Polizei ungefähr der Hälfte Bedeutung beimaß.

Die Spur führte sechs Tage nach der Übergabe des Lösegelds nach Langen bei Offenbach zu einem Mann namens Rainer K. In der Garage, die zu seinem Wohnhaus gehörte, war Jakob Fiszman gefangen gehalten worden, wie die Kriminaltechniker ermitteln konnten. Verschiedene Indizien belegten dies: An der Wand der Garage gab es Blutspuren, die übertüncht worden waren, aber mithilfe modernster Technik wieder sichtbar gemacht werden konnten. Es stellte sich heraus, dass sie von dem Opfer stammten. Ferner gab es Speichelspuren an einer Wasserflasche, die ebenfalls Jakob Fiszman zugeordnet werden konnten. Wegen dringenden Tatverdachts wurden Rainer K. und sein Sohn Sven verhaftet, der das Versteck des Lösegelds kurz nach seiner Verhaftung preisgab. Man fand die komplette Summe in Wiesbaden im Garten der Eltern von Rainer K. vergraben. Sven K. war es auch, der den Ort verriet, an den sein Vater das Entführungsopfer gebracht hatte, denn er hatte das Auto dorthin gefahren. Sein Vater sei mit Jakob Fiszman und einem Spaten bewaffnet in einen Wald gegangen und ohne ihn zurückgekommen. Über 500 Polizisten beteiligten sich an der Suche, ferner waren Hubschrauber und speziell auf das Aufspüren von Leichen ausgebildete Hunde im Einsatz. Am 19. Oktober fand man schließlich in einem Wald bei Reckenroth im Taunus die schon stark verweste Leiche. Anhand der DNA konnte nachgewiesen werden, dass es sich um Jakob Fiszman handelte.

Im Verlauf der Ermittlungen erinnerte sich Familie Fiszman daran, dass Rainer K. kein Unbekannter war, denn er hatte mehrfach als Maler für Uszer Fiszman gearbeitet und u. a. sein Haus in Köln renoviert.

Rainer K. stammte aus kleinbürgerlichen Verhältnissen in Wiesbaden; er verließ die Schule in der siebten Klasse und absolvierte eine Ausbildung als Maler, später legte er die Meisterprüfung ab. Im Alter von 18 Jahren heiratete er, weil seine Freundin schwanger war. Schon früh geriet er mit dem Gesetz in Konflikt, noch bevor seine Tochter zur Welt kam, hatte er im Milieu einen Zuhälter erschossen, „aus Notwehr", wie er betonte. 1977 wurde seine Frau tot in der Badewanne gefunden. Seinen Angaben zufolge war sie bewusstlos geworden und in die volle Wanne gefallen. Würgemale am Hals und innere Verletzungen sprachen gegen diese Version von Rainer K., der daraufhin wegen Körperverletzung mit Todesfolge und anderer Delikte zu über zehn Jahren Haft verurteilt wurde. Nach vier Jahren wurde er Freigänger. In der Zeit der Haft kamen seine Tochter und Sohn Sven zu seinen Eltern, die versuchten, bei den Kindern den Glauben an den guten Vater zu erhalten. Zu den Großeltern mütterlicherseits durften sie keinen Kontakt pflegen, da diese ihren Schwiegersohn als Mörder darstellten. Die Tochter legte das Abitur ab und wanderte nach Australien aus. Sohn Sven galt als introvertiert und ließ sich offenbar leicht von seinem dominanten Vater instrumentalisieren. Er gab zu, dass er auch bei einer weiteren Entführung beteiligt gewesen sei, die nie aufgeklärt worden war. Auch da habe er das Fahrzeug gesteuert. Am 16. Januar 1991 war der Sohn des Bruders von Jakob Fiszman in Köln mit einer Klassenkameradin zusammen auf dem Schulweg entführt worden. Bruder Georg hatte seinen Namen geändert, er schrieb ihn „Fischmann" und war als Bauunternehmer in Köln tätig. Die beiden Kinder im Alter von sechs und sieben Jahren wurden in ein Fluchtfahrzeug gezerrt, kamen aber nach drei Tagen unversehrt wieder frei. Die geforderten 2,16 Mio. Dollar seien nie gezahlt worden, so Georg Fischmann. Der entführte Junge, Peter Fischmann, hatte bei Befragungen erwähnt, dass er einen der Entführer schon einmal gesehen habe, seinen Namen aber nicht kenne. Es handelte sich um Rainer K., der das Haus des Großvaters in Köln renoviert hatte. Am 25. Januar 1991 erschien im „Kölner Stadtanzeiger" eine Anzeige, die die Eltern der beiden entführten Kinder geschaltet hatten. Sie bedankten sich bei Polizei, Freunden und Kollegen für Hilfe und Unterstützung in der schwierigen Zeit, die sie durchlebt hatten. In der gleichen Anzeige erinnerten sie daran, dass zu diesem Zeitpunkt Eltern u. a. in Israel, im Irak, Saudi Arabien und der Türkei um das Leben ihrer Kinder bangten, in den Medien werde über die abgeschossenen Flugzeuge berichtet, aber niemand erwähne das Leid der betroffenen Menschen, die vom gerade ausgebrochenen Golfkrieg betroffen seien. Diese Anzeige gab Rätsel auf, vermutete man doch eine verschlüsselte Mitteilung, wobei der mögliche Empfänger aber unklar war – eine Frage, die unbeantwortet blieb. Der Großvater von Peter war zum Zeitpunkt der Entführung nach Moskau geflogen und hatte seinen Aufenthalt dort verlängert. Im Februar 1991 wurde die Familie Fiszman ein weiteres Mal bedroht, man teilte der Großmutter Ludmilla Fiszman mit, dass, falls nun nicht endlich Geld fließen würde, ein Mitglied der Familie eines Tages den

Jakob Fiszman wurde auf dem Jüdischen Friedhof an der Eckenheimer Landstraße bestattet.

Tod finden würde. Es folgten genaue Schilderungen der Lebensumstände einiger Familienmitglieder.

Prozessbeginn im Fall Jakob Fiszman war der 2. Oktober 1997, es wurden über 70 Verhandlungstage angesetzt. Rainer K. stellte sich immer wieder als Opfer einer Verschwörung hin, Schuld sei sein Sohn, der geistig labil sei und in eine Klinik eingewiesen gehöre. Er beschuldigte seinen Sohn, für den er selbstverständlich alles tun würde, um ihn zu schützen, jedoch könne er nicht seinen Mord auf sich nehmen. Während des Prozesses legte er eine ungeheure Aggressivität an den Tag und schockierte alle Anwesenden durch seine brutalen Schilderungen. Er behauptete, dass er erst am 10. Oktober von der Entführung erfahren habe, die sein Sohn begangen habe; es sei offenbar Geld geflossen, das er ursprünglich habe verbrennen wollen. Die Beweislast war aber erdrückend: In dem gestohlenen Fiat Ducato, in dem Fiszman entführt wurde und den man später gefunden hatte, befand sich eine Zigarettenkippe von Rainer K., weiter fand man auf seinem Computer einen gelöschten Erpresserbrief an die Familie Fiszman. Ferner konnte an der Briefmarke Speichel von Rainer K. nachgewiesen werden. Sven K. betonte, nicht geahnt zu haben, dass sein Vater das Entführungsopfer töten würde. Der Mord geschah noch vor Übergabe des Lösegeldes.

Das Urteil erging am 1. Oktober 1998, Rainer K. wurde wegen Mordes, erpresserischen Menschenraubs und der besonderen Schwere der Schuld zu lebenslanger Haft mit anschließender Sicherheitsverwahrung verurteilt. Auch die Entführung eines Offenbacher Fleischgroßhändlers im September 1993 ging zu seinen Lasten. Das Opfer wurde eine Woche lang in einer Holzkiste gefangen gehalten, aber nach Zahlung des Lösegelds in Höhe von 2 Mio. DM körperlich unversehrt freigelassen. Bei der Lösegeldübergabe war auch Sohn Sven zugegen. Er wurde wegen erpresserischen Menschenraubs und Beihilfe zum Mord zu zwölf Jahren Gefängnis verurteilt. Sven K. kam im Mai 2006 frei und ließ sich in Flörsheim nieder. Er fand eine Arbeit und heiratete eine Frau, die keinerlei Kenntnis von seinem Vorleben hatte. Am 9. November 2010 verließ er die gemeinsame Wohnung und kehrte nicht mehr zurück. Seine Familie meldete ihn als vermisst, woraufhin die Polizei ihn zur Fahndung ausschrieb. Ein Jäger fand ihn kurz darauf in einem Wald, in dem er sich erhängt hatte.

Thomy-Erpressung – Giftanschlag statt Genuss

„Thomy, hier kommt der Genuss", so lautet der Werbeslogan der Firma Thomy, die zum Nestlé-Konzern gehört. Von August 1996 bis September 1998 allerdings war Vorsicht geboten, denn die Firma wurde zum Opfer einer der spektakulärsten Produkterpressungen in der deutschen Kriminalgeschichte.

1971 wurde der Firmensitz des deutschen Tochterunternehmens von Lindau am Bodensee nach Frankfurt-Niederrad verlegt.

Am 23. August 1996 erhielt die Firma Thomy einen ersten Erpresserbrief, der in Dortmund aufgegeben worden war. Darin wurde angekündigt, dass vergiftete Produkte in verschiedenen Märkten in Dortmund, Hannover, Kassel, Nürnberg, Stuttgart und Frankfurt ausgelegt würden. Drei Tage später fand man tatsächlich in den genau benannten Supermärkten Senf- und Mayonnaise-Tuben, die mit Zyanid (Blausäure) versetzt waren. Zum Teil war den Tuben bis zu 120 Milligramm der Säure zugesetzt worden; ein Milligramm pro Kilogramm Körpergewicht führt unausweichlich zum Tode. Die genau beschriebenen Produkte wurden aus den Regalen der benannten Märkte entfernt, die Öffentlichkeit wurde aber noch nicht informiert. Insgesamt meldete sich der Erpresser sechs Mal bei der Firma; vergiftete Produkte fanden sich bald in Supermärkten im gesamten Bundesgebiet zwischen Hannover und München. Märkte wie Lidl, Plus, Edeka, Penny und Condi waren betroffen. Der Erpresser beschränkte sich nicht mehr nur auf Senf- und Mayonnaise-Tuben, denn ein vergifteter Milchshake fand sich auf einem Kinderspielplatz in Köln, wo er unter einer Rutsche vergraben worden war. Weiter wurden im Dezember 1997 Adventskalender mit vergifteten Süßigkeiten der Firma Nestlé an über zehn Privatadressen verschickt und auch die Firma selbst erhielt Päckchen mit vergifteten Produkten. In Bussen, an Bahnhöfen und in Telefonzellen fanden sich bald Erzeugnisse dieser Unternehmen. Nestlé und Thomy richteten eine Hotline für die stark verunsicherte Öffentlichkeit ein und die Deutsche Presseagentur titelte: „Tod aus der Tube".

Ein Pressesprecher gab direkt vor der Deutschlandzentrale der Firma Nestlé, des Mutterkonzerns, ein Interview. Die Zuschauer erkannten das Firmenlogo, wodurch sich ihre Skepsis auch auf alle anderen Produkte der Firma Nestlé erstreckte, was zu weiteren Verunsicherungen und Umsatzeinbußen führte.

Henri Nestlé, eigentlich Heinrich Nestle, kam 1814 als 11. von 14 Kindern in Frankfurt zur Welt. Er absolvierte eine Apothekerlehre und ging in die Schweiz, wo er in Vevey die Zulassungsprüfung zum Apothekergehilfen bestand und seinen Namen änderte. Seinen Lebensunterhalt verdiente er anfangs mit der Produktion von Ölen, Alkoholika und Limonaden. Als dieser Geschäftsbereich aufgrund von Krisen nicht mehr erfolgreich war, verlegte er sich auf die Herstellung von Flüssiggas zur Beleuchtung der Stadt Vevey. Allerdings versiegte auch diese Einnahmequelle, als die Stadt an ein Gaswerk angeschlossen wurde. Wieder war sein Ideenreichtum gefragt und so kam es 1867 zu seiner bedeutendsten Erfindung: dem Kindermehl, das als Milchpulver seinen Siegeszug um die Welt antrat. Henri Netstlé starb im Alter von 75 Jahren in Glion oberhalb von Montreux.

Aus dem Wappen seiner Vorfahren, das ein Vogelnest aus Eichenzweigen darstellt, schuf Nestlé das Firmenlogo: Eine Vogelmutter füttert ihre Küken in einem Nest, ein Logo, das Millionen von Verbrauchern bekannt ist.

Da der Erpresser Rohdiamanten im Wert von 25 Mio. DM forderte, ging die Polizei zeitweilig davon aus, dass es sich nicht um einen Einzeltäter, sondern um organisiertes Verbrechen handelte, denn in den Nachfolgestaaten der UdSSR wurden Verbrechen mit Gold oder Diamanten „bezahlt". Das Vorgehen erinnere an Methoden der russischen Mafia, hieß es. Letztendlich sollte sich das aber als Trugschluss erweisen, es handelte sich tatsächlich um einen Einzeltäter, der nicht nur schriftlich, sondern auch telefonisch Kontakt zu der Firma aufnahm. Angerufen wurde aus einer Mannheimer Telefonzelle und von einem Handy aus dem Rhein-Main-Gebiet. Die Stimme des Anrufers bei der Schweizer Nestlé-Zentrale konnte sogar aufgezeichnet werden, führte aber noch nicht zu einem Fahndungserfolg. Insgesamt waren 20 Spezialeinheiten aus sieben Bundesländern im Einsatz, um den Thomy-Erpresser zu fassen.

Inzwischen gab es Trittbrettfahrer, die auch glaubten, schnelles Geld machen zu können; ein Ehepaar vergiftete ebenfalls Nestlé-Produkte, ein anderer Täter versetzte Babynahrung mit dem Pflanzenschutzmittel Parathion, auch bekannt als E 605. Sie konnten rasch gefasst werden. Der damalige Firmensprecher von Nestlé ließ verlauten, dass das Unternehmen im Schnitt einmal im Monat Opfer einer Erpressung würde, 40 bis 60 Prozent der Erpresser gäben nach der ersten Kontaktaufnahme auf, nur bei etwa 10 Prozent der Fälle dauere die Erpressung länger als eine Woche.

Der Erpresser, der im August 1996 begonnen hatte, vergiftete Produkte in Supermärkten auszulegen, gehörte zur hartnäckigen Sorte. Um an die geforderten Diamanten zu kommen, hatte er einen ausgeklügelten Plan entwickelt: In einem genau benannten Zigarettenautomaten in Düsseldorf lag ein Autoschlüssel, der zu einem Opel Kadett mit gestohlenem Kennzeichen aus Belgien gehörte, der in Breidenbach bei Marburg geparkt war. Der Überbringer der „Lösegeld-Diamanten“ fand darin einen Käfig mit zwölf Brieftauben vor, die, mit kleinen Rucksäckchen versehen, die Diamanten zum Erpresser fliegen sollten. Es war gefordert, dass keiner der Diamanten mehr als zwei Karat haben dürfe.

Eine Bedeutung des Begriffs „Karat“ bezieht sich auf die Masse von Edelsteinen. Entstanden ist er aus dem griechischen „kerátion“, was „Horn“ bedeutet. Einst wurden die Samen der Früchte des Johannisbrotbaumes, die hörnchenförmig sind, als Gewichtssteine verwendet, da sie angeblich einheitlich groß und schwer waren, was man heute anders sieht. Ein Karat steht für 0,2 Gramm oder 200 Milligramm. Als Kürzel wird in Deutschland „kt“ verwandt, in der Schweiz und in Österreich „ct“.

Eine der Tauben, Taube „Charly“, führte dann zum Erpresser. Sie war mit einem Peilsender versehen worden und Hubschrauber verfolgten genauestens ihren Flug. Als sie schließlich nach mehrmaligem Kreisen über einem Schrebergarten in der Nähe von Kronberg landete, machte man als Pächter dieses Gartens den Deutsch-Rumänen Alexandru N. aus, den man am Tag darauf (26. September 1989) in seiner Wohnung in Eschborn verhaften konnte. Vor dem Frankfurter Landgericht wurde er wegen räuberischer Erpressung und gemeingefährlicher Vergiftung angeklagt. Er gab die Tat am ersten Verhandlungstag zu, wobei es hieß, dabei habe es sich weniger um Reue als vielmehr um taktisches Kalkül gehandelt. Auch sei es keine wirtschaftliche Not gewesen, die ihn dazu getrieben habe, er sei vielmehr durch Fernsehfilme dazu inspiriert worden. Die Blausäure habe er selber nach Angaben in einem Buch gemischt, das er auf einem Flohmarkt erworben habe. Ein Motiv konnte er nicht angeben, er bemerkte aber, dass er – nachdem der Anfang gemacht war – nicht mehr aufhören konnte.

Ein „Kurier" für den Transport der geforderten Diamanten.

Blausäure wird zur Kunststoffherstellung, Schädlingsbekämpfung und in der Metallverarbeitung verwendet. Es lähmt die Zellatmung, sodass der Tod rasch eintritt. Käufer des Produkts werden exakt registriert, aber auch in Labors der Chemie- und Pharmaindustrie sowie an Hochschulen gibt es Blausäure. N. merkte an, dass niemand die von ihm vergifteten Produkte gegessen habe, da der Geruch so stechend gewesen sei.

Dank „Charly" war der Täter nun gefasst. Die Polizei führte später aus, dass niemals auch nur ein Diamant von einer Taube transportiert worden sei. Die Firma Nestlé konnte aufatmen, der Fall war gelöst. Alexandru N. wurde zu elf Jahren Haft verurteilt, damit blieb das Strafmaß unter den von der Staatsanwaltschaft geforderten zwölf Jahren.

Als Folge dieser Erpressung führte die Firma Nestlé ein neues Verschlusssystem für Tuben ein, das zu der Zeit noch unüblich war: Tuben wurden nun durch eine Membran verschlossen, die Einstiche und andere Manipulationen leichter erkennen ließ. Nur wenige Hersteller boten zu der Zeit versiegelte Ware an. Der Schaden für Nestlé war enorm: Die 30.000 Produkte, die infolge dieser Erpressung ausgeräumt, beseitigt und ersetzt werden mussten, hatten Kosten in Höhe von etwa 3,5 Mio. DM verursacht, der Umsatzverlust belief sich auf etwa 34 Mio. DM, der Imageverlust hingegen war nicht zu kalkulieren. Jährlich investierte die Firma Thomy ungefähr 360 Mio. DM, damit sich der Slogan „Thomy, hier kommt der Genuss" fest im Bewusstsein der Zielgruppen verankerte.

Nach Angaben von Krisenberatungsagenturen gibt es in Deutschland im Jahr über 100 Erpressungsversuche, die Produkte von Bier bis Zahnpasta betreffen. Mal wird gedroht, Lebensmittel zu vergiften, Elektroartikel mit Sprengsätzen zu versehen, Babynahrung Glassplitter zuzufügen oder Kosmetika mit Pflanzenschutzmitteln wie E 605, dem „Schwiegermuttergift", zu versetzen. Besonders betroffen von diesen Drohungen sind Firmen in Deutschland und Großbritannien. Die Täter sind in den meisten Fällen Männer, die aufgrund von hohen Schulden zu diesen Mitteln greifen. Vielen von ihnen wurde dilettantisches Vorgehen zum Verhängnis, sodass die meisten Erpresser gefasst wurden.

Erst seit 1998 dürfen laut Bundesaufsichtsamt für das Versicherungswesen (BAV) auch deutsche Versicherer Policen zum Schutz bei Produkterpressungen (MPT – Malicious Product Tampering) anbieten. Vorher war dies deutschen Versicherern verboten, da man meinte, dass sie die Gefahr von Erpressungen erhöhen würden, was dazu führte, dass deutsche Firmen sich im Ausland absicherten.

Der Abschluss einer solchen Versicherung unterliegt strengen Bedingungen: Beim Versicherungsnehmer darf nur ein eingeweihter kleiner Kreis von Personen davon Kenntnis haben und der Versicherer muss im Falle einer Erpressung sofort die Polizei einschalten. Im Schadensfall wird ein Krisenberater gestellt, die Kosten für Rückrufaktionen, die Vernichtung kontaminierter Produkte und gezahltes oder verlorenes Lösegeld werden erstattet. Ferner wird der durch Umsatzrückgang entgangene Betriebsgewinn ausgeglichen, auch der zusätzliche Werbeaufwand, um die Marktposition zurückzugewinnen, wird erstattet.

Der Fall Jakob von Metzler

Am 27. September 2002 beging der 28-jährige Jurastudent Magnus G. ein Verbrechen, das die Menschen weit über die Frankfurter Grenzen hinweg erschütterte: Er entführte den Bankierssohn Jakob von Metzler, ermordete ihn und forderte Lösegeld.

Der Frankfurter Zweig der Familie von Metzler geht zurück auf eine Pfarrersfamilie aus dem Erzgebirge. Kaufmann Benjamin Metzler ließ sich in Frankfurt nieder und gründete 1674 ein Handelshaus, das Stoffe, Tuche und Spezereien anbot. Nebenbei wurden Finanzgeschäfte betrieben, die später das Hauptgeschäft ausmachten. Um 1760 war die Entwicklung zum Bankhaus abgeschlossen. Dieses gehört heute zu den ältesten Privatbanken der Welt und ist ganz eng mit dem Stiftungswesen der Stadt Frankfurt verbunden.

Auf dem Nachhauseweg von der Carl-Schurz-Schule, die auch der Täter früher besucht hatte, fing er Jakob ab und teilte ihm mit, dass seine Schwester bei ihm ihre Jacke habe liegen lassen, er solle doch mitkommen und sie abholen. Magnus G. nahm den arglosen elfjährigen Jakob mit in seine Studentenwohnung, wo er ihn, wie die Obduktion später ergab, würgte und grausam erstickte, in Plastiktüten und Bettlaken hüllte und in den Kofferraum seines Autos legte.

Sein erster Weg führte G. in die Nähe des Spielparks „Louisa", von wo aus man zu Fuß die Mauer des Metzler'schen Anwesens erreichen kann. Magnus G. warf seinen

Vor der Carl-Schurz-Schule wird die Erinnerung an Jakob wachgehalten.

vorbereiteten Erpresserbrief mit der Lösegeldforderung nach einer Million Euro in den Garten der Familie, wo ihn später der Hausmeister fand. Anschließend fuhr er zu einem Waldsee nahe Schlüchtern, dort legte er die Leiche unter einem Steg ab. Daraufhin suchte er seine Eltern auf, um – wie gewöhnlich – mit ihnen gemeinsam am Freitag zu Mittag zu essen.

Nach dem Auffinden des Briefes informierte Familie von Metzler umgehend die Polizei und erklärte sich zur Zahlung des Lösegelds bereit, das am 29. September an der Haltestelle Oberschweinstiege in einer Tasche bereitgestellt wurde. Bei der Abholung erwies sich G. als äußerst dilettantisch und bemerkte nicht, dass er observiert wurde. Da es am darauffolgenden Tag immer noch keine Hinweise auf den Aufenthaltsort von Jakob gab, hofften die Fahnder weiter, dass Jakob freigelassen würde. Als dies nicht geschah, wurde G. weiter beschattet, in der Hoffnung, dass er die Polizei zur Geisel führen würde. Magnus G. hatte jedoch andere Pläne: Er traf sich mit seiner Freundin, um mit ihr ausgiebig in Frankfurt zu shoppen, einen Friseur aufzusuchen und eine Reise zu buchen. Bei einem Mercedes-Händler bestellte G. ein C-Klasse-Modell, für das er eine Anzahlung leistete. Inzwischen war der dritte Tag nach der Entführung angebrochen und G. machte keine Anstalten, die Geisel zu versorgen, sodass die Fahnder beschlossen, ihn zu verhaften. Als er nachmittags mit seiner Freundin in der Tiefgarage am Flughafen Frankfurt ankam, um die gebuchte Reise anzutreten, wurde er von Zivilfahndern verhaftet.

In dem darauffolgenden Verhör machte G. abstruse Angaben dazu, wie er in den Besitz des Geldes gekommen war, das man bei der Durchsuchung seiner Wohnung gefunden hatte. Es war in verschiedenen Umschlägen, Geldkassetten und Kästen von Gesellschaftsspielen aufgefunden worden. Erst wollte G. es im Wald gefunden haben, in der nächsten Version habe ein ihm unbekannter Mann Geld angeboten, wenn er eine Tasche für ihn abhole. Das Geld war nun wieder aufgetaucht, aber es gab in der Wohnung keinen Hinweis auf den Aufenthaltsort des Opfers, wohl aber eine handschriftliche „Checkliste“ von G, die auf ihn als Täter hinwies. Hier gab es Stichworte wie „Ortsinformation“, „Brief“, „Ortstermin“, „Steg“ und „Weg abfahren“. G. wurde verhört, wusste aber angeblich nichts von einem entführten Kind. Gegen Mitternacht jedoch behauptete er, dass sich Jakob in einer Hütte am Langener Waldsee befinde, er sei nicht allein. Frühmorgens am 1. Oktober wurde das Gebiet von Hundertschaften der Polizei und Hunden durchsucht; es gab dort zahlreiche Hütten, aber keine, auf die die Beschreibung von G. passte. Inzwischen hatte G. von zwei Komplizen gesprochen, die den Jungen bewachten. Diese beiden Brüder wurden morgens von der Polizei vollkommen überrascht in ihren Betten angetroffen. G. hatte ein weiteres Mal gelogen. Die Brüder und auch die Freundin von G. hatten, wie sich später herausstellte, keinerlei Kenntnis von der Straftat. Auch ein Zusammentreffen mit seiner Mutter veranlasste

G. nicht zu einem Geständnis oder zur Preisgabe des Aufenthaltsorts. Er fürchtete stattdessen um eine teure Uhr der Marke Breitling, die er seiner Mutter zur Aufbewahrung mitgab, da sie sonst in der Untersuchungshaft sicher abhandenkommen würde. Bei dem verzweifelten Bemühen, Jakobs Aufenthaltsort zu ermitteln, war auch überlegt worden, G. mit der Schwester des Opfers zu konfrontieren, damit sie an ihn appellieren könnte. Dies wurde jedoch wieder verworfen, da es im Fall des Scheiterns zu belastend für sie gewesen wäre. Der Polizeivizepräsident Wolfgang D. beschloss stattdessen, dass G. ein weiteres Mal verhört werden sollte, dieses Mal von einem ihm bisher unbekannten Polizeibeamten, der Zwang androhen sollte, falls G. sich weiter unkooperativ verhalten würde. Hierzu fertigte D. später eine Aktennotiz an.

Der stellvertretende Kommissariatsleiter Ortwin E. führte dann das Verhör, über dessen genauen Verlauf nur Ortwin E. und Magnus G. wissen können. Nun endlich gestand G. die Entführung und gab den Aufenthaltsort von Jakob preis: ein See in der Nähe des osthessischen Ortes Schlüchtern. Tatsächlich fanden Beamte am 1. Oktober gegen Mittag unter einem Steg die Leiche von Jakob, dessen Schulranzen und Kleidung G. in Mülltonnen in Oberrad hatte verschwinden lassen. Nach dem Geständnis beauftragten die Eltern des Täters einen bekannten Frankfurter Anwalt, dem G. einen Brief an seine Freundin übergab. Der Anwalt gab ihn aber nicht der Freundin, sondern der Staatsanwaltschaft. In dem Brief beklagte sich G. darüber, dass er zu einem falschen Geständnis gezwungen worden sei, woraufhin ein Staatsanwalt Nachvernehmungen des Beschuldigten forderte, da ein erzwungenes Geständnis vor Gericht keinen Bestand habe. In der Presse gab es schließlich Spekulationen über die Androhung von Folter, sodass die Vorsitzende des Vereins Deutscher Strafverteidiger e. V. einen Brief an den Polizeipräsidenten in Frankfurt schrieb, der inzwischen aus dem Urlaub zurückgekehrt war, und es nicht guthieß, dass man sich hinter den Polizeivize Wolfgang D. stelle; dieses Verhalten sei dem Ansehen des Rechtsstaats abträglich. Im Juli 2003 wurde wegen besonderer Schwere der Schuld eine lebenslange Freiheitsstrafe gegen Magnus G. verhängt, der in seiner Gier nach einem Leben im Luxus einen kaltblütigen Mord beging. Seine Angst, im Kreis der wohlhabenden Freunde nicht mithalten zu können, war übermächtig geworden.

G. klagte später vor dem Europäischen Gerichtshof für Menschenrechte wegen Verletzung der Garantie des Folterverbots, um eine Wiederaufnahme des Verfahrens zu erreichen. Dies wurde jedoch mit der Begründung abgelehnt, dass im Prozess nicht auf das Geständnis zurückgegriffen wurde, das er unter Druck abgegeben habe, sondern auf das, was er aus freien Stücken gemacht habe. Magnus G. klagte durch mehrere Instanzen, um wegen der Androhung von Folter Schadenersatz und Schmerzensgeld in Höhe von 10.000 EUR zu erhalten. Das Landgericht gestand ihm unter Berufung auf den Europäischen Gerichtshof für Menschenrechte eine Entschädigung in Höhe von 3.000 EUR plus Zinsen zu, wogegen das Land Hessen Berufung einlegte. Das Oberlandesgericht jedoch folgte dem Beschluss des Landgerichts im Oktober 2012 und hielt eine Entschädigung in Höhe von 3.000 EUR für angemessen.

In seiner Haft schrieb G. ein Buch, dessen Erlös in eine Stiftung mit dem Namen „Horizonte“ fließen sollte mit dem Ziel, junge Opfer von Gewalt zu unterstützen; der Antrag zur Gründung dieser Stiftung, den sein neuer Anwalt einbrachte, wurde jedoch vom Stiftungsrat abgelehnt, was eher selten vorkommt. G. ließ jedoch nicht locker und unternahm einen zweiten Versuch, bei dem er namentlich bei dieser Stiftung nicht in Erscheinung treten würde. Dieser Vorstoß verlief im Sande.

Die Androhung von Zwang während des Verhörs von G. hatte ein Nachspiel für den Polizeivize und seinen Untergebenen. 2004 wurden Wolfgang D. und sein Kommissariatsleiter Ortwin E. wegen der Verleitung zu einer Straftat und Nötigung schuldig gesprochen. Die große Strafkammer des Frankfurter Landgerichts verurteilte beide zu einer Geldstrafe von mehreren Tagessätzen, sie wurden verwarnt und bekamen eine Bewährungsstrafe von einem Jahr. Wolfgang D. wurde versetzt. Dieser Prozess löste eine erhitzte Debatte darüber aus, wie weit ein Rechtsstaat gehen darf, um Menschenleben zu retten.

Ortwin E. hat seine Erinnerungen mit dem Einverständnis der Familie von Metzler in einem Buch zusammengefasst, das trotz der Intervention seines Dienstherrn im Herbst 2011 erschien:

ORTWIN ENNIGKEIT, BARBARA HÖHN: Um Leben und Tod. Wie weit darf man gehen, um das Leben eines Kindes zu retten? Der Fall Jakob von Metzler – Protokoll eines Verbrechens. München 2011.

Im September 2012 strahlte das ZDF zehn Jahre nach der grausamen Straftat einen Film von Stephan Wagner aus. „Der Fall Jakob von Metzler“ ist nach Absprache mit der Familie des Opfers entstanden. Einige Szenen wurden im Garten und Haus der Familie gedreht. In dem Film geht es nicht nur um das Leid der betroffenen Familie, sondern auch um den Zwiespalt, in dem der Polizeivize D., in dessen Rolle Robert Atzorn brillierte, und sein Mitarbeiter steckten.

3.

Mord

Klavierhändler Lichtenstein – Raubmörder in der Zeil

Anfang des Jahres 1904 erregte ein Raubmord auf der Zeil großes Aufsehen: Der angesehene Klavierhändler Hermann Lichtenstein war in seinem Geschäft ermordet und ausgeraubt worden. Die Zeil hatte sich zu diesem Zeitpunkt schon von einer Wohnstraße in eine Geschäftsstraße verwandelt und so befand sich in dem Geschäftshaus Zeil 69 (heute schräg gegenüber der Galeria Kaufhof, nahe der Katharinenkirche) nicht nur das Klaviergeschäft von Herrn Lichtenstein, sondern u. a. auch eine Zahnarztpraxis und Büros eines Rechtsanwalts. Das Geschäft des Klavierhändlers lief gut, denn wenn jemand zu der Zeit etwas auf sich hielt, dann besaß er auch ein Klavier.

Blick von der Zeil auf die Hauptwache, am linken Bildrand vor der Katharinenkirche befand sich das Geschäft von Herrn Lichtenstein.

Am 26. Februar 1904 hatte Hermann Lichtenstein einen Gesprächstermin mit einem Opernsänger vereinbart, der den klangvollen Namen Ernesto Consolo trug. Der Sänger machte sich vom Hotel „Frankfurter Hof“ auf den Weg zum Termin und bemerkte, dass die Tür zu Lichtensteins Geschäftslokal geöffnet war; auf sein Klingeln allerdings reagierte niemand. Vorsichtig schaute Consolo in die vorderen Geschäftsräume, die eine Spur der Verwüstung aufwiesen; ihm kam das alles sehr ungewöhnlich vor, weshalb er umkehrte. Im Hausflur traf er auf einen Weinhändler, der ebenfalls einen Termin bei Lichtenstein hatte, sowie auf den Bürogehilfen des Rechtsanwalts, der zu Tisch gehen wollte. Man beriet, die Polizei hinzuzuziehen.

Consolo holte aus der nahe gelegenen Hauptwache einen Schutzmann, mit ihm als Verstärkung betraten sie die Geschäftsräume und machten im Lager eine grausige Entdeckung: Sie fanden den Inhaber mit eingeschlagenem Schädel und einem Strick um den Hals am Boden liegend vor. Die Kasse war leer geräumt wie auch das Portemonnaie von Lichtenstein; ferner fehlte seine goldene Taschenuhr. Die Hintertür des Geschäfts war geöffnet. Alles sah nach einem heimtückischen Raubmord aus. Bei genauer Untersuchung des Tatorts fanden die Beamten einen Manschettenknopf mit einem eingravierten Hufeisen, den man nicht zuordnen konnte. Zunächst wurden Personen in der Umgebung des Tatortes befragt und die Bahnhöfe kontrolliert. Schließlich konzentrierte man sich auf das direkte Umfeld des Toten und stieß auf Bruno Groß, einen ehemaligen Metzger, der zeitweilig als Spediteur arbeitete und für Lichtenstein Klaviere zum Kunden brachte. In der Spedition wurde Groß auf Anfrage nicht gerade hochgelobt. Er galt als nicht allzu zuverlässig und war wegen Unterschlagung und Diebstahl vorbestraft. Man ließ nach ihm fahnden. Unter seiner angegebenen Adresse in der Rohrbachstraße war er nicht auffindbar und so wurde sein Foto in der „Frankfurter Zeitung“, dem Vorläufer der „Frankfurter Allgemeinen Zeitung“, veröffentlicht; man hoffte so auf Hinweise aus der Bevölkerung.

Es kam allerdings ganz anders: Groß selber meldete sich und fragte empört, weshalb sein Konterfei in der Zeitung zu sehen sei. Bei der Befragung stritt Groß die Tat ab. Er war kein unbeschriebenes Blatt, denn vor einiger Zeit hatte man ihm eine Beteiligung an einer Straftat in einer anderen Stadt nachgewiesen, in der es um Falschgeld ging. Diese Tat hatte er zusammen mit Friedrich Stafforst begangen, der in Offenbach in einem Geschäft für Reiterbedarf arbeitete. Wegen des Manschettenknopfes, den man am Tatort gefunden hatte und bisher nicht zuordnen konnte, beschloss man, dieser Spur nachzugehen und Stafforst aufzusuchen. In Offenbach hielt er sich allerdings nicht mehr auf; erst eine ganze Zeit später war es dann „Kommissar Zufall“, der dazu führte, dass man ihn verhaften konnte. Stafforst hatte sich nach Hamburg begeben, wo er schon früher einige Zeit verbracht hatte. Hier lief er zu seinem Pech einem ehemaligen Vermieter in die Arme, dem er noch Miete schuldete. Dieser Mann erkannte ihn,

Die Mörder von Hermann Lichtenstein.

ließ ihn zur Polizei bringen, wo man ihn dann auch zum Fall Lichtenstein befragen konnte, denn das Fahndungsersuchen hatten auch die Hamburger Kollegen erhalten.

Nach einem längeren Verhör gab Stafforst zu, den Mord an Lichtenstein mit Bruno Groß begangen zu haben. Die bei ihm gefundene goldene Taschenuhr von Lichtenstein war ein wichtiges Beweisstück. In Frankfurt wurde Groß mit Stafforst konfrontiert, wobei dieser dreist bestritt, Stafforst überhaupt zu kennen. Stafforst wiederholte sein Geständnis und schließlich gab auch Groß auf. Der eigentliche Plan hatte darin bestanden, den Klavierhändler zu erschießen; hierzu hatte Groß einen Revolver besorgt, den Schuss allerdings sollte Stafforst abgeben, der jedoch wegen des damit verbundenen Lärms den Plan verwarf. So entschied das Duo, Lichtenstein mit einem Stein außer Gefecht zu setzen und dann zu erdrosseln. Hierzu wurden im Eisenwarengeschäft Hartmann in der Großen Sandgasse ein Gewichtstein von zwei Kilo und in der Seilerei Frey ein Strick erworben. Nach der Tat erbeuteten die Mörder 800 Mark und die Taschenuhr.

Der Prozess begann am 16. Mai 1904, viele Zeugen waren anwesend; die Damenwelt hatte sich zum Teil sogar mit dem Opernglas ausgestattet, um alles en detail verfolgen zu können, was missbilligend von der Leitung des Gerichts kommentiert wurde. Das Urteil lautete: Tod durch das Beil. Da der Kaiser eine Revision und das Gnadengesuch ablehnte, wurde das Urteil am 12. November 1904 im Gefängnishof in Preungesheim mit einem Richtbeil vollstreckt. In diesem Hof, der von außen nicht einsehbar war, hatten sich nicht nur Vertreter der Justiz und Polizei, sondern auch Zeugen eingefunden. Die Hinrichtung von Stafforst und Groß, die ein eigens angereister Scharfrichter aus Magdeburg vollzog, dauerte etwa sieben Minuten. Die Bestattung fand kurz darauf auf dem dortigen Friedhof statt.

Die Strafanstalt Preungesheim entstand 1889 als Nachfolger des Gefängnisses Klapperfeld. Sie ist mit dem dunkelsten Kapitel deutscher Geschichte verbunden, denn hier wurden Widerstandskämpfer aus ganz Hessen hingerichtet. Über 500 Menschen wurden mit dem Beil getötet oder erhängt. Ein Denkmal vor der Anstalt erinnert daran.

Der Komplex besteht heute aus drei Anstalten, einem Männer-, Frauen- und Untersuchungsgefängnis.

Dieser Fall beschäftigte die Frankfurter sehr und dies nicht nur, weil ein angesehener Geschäftsmann und Vater von vier Kindern heimtückisch ermordet worden war. Die Dreistigkeit der Täter, die diese Tat am hellen Tage begangen hatten, war schon etwas Besonderes. Das führte dazu, dass unter den Kindern Abzählreime kursierten, die mit dem Fall im Zusammenhang standen: „Auf der Zeil bei Lichtenstein brachen Groß und Stafforst ein, sie nahmen einen Kilostein und schlugen ihm den Schädel ein." Ferner war eine Postkarte mit den Porträts der Mörder und folgendem Wortlaut im Umlauf: „Die verabscheuungswerten Raubmörder Stafforst und Groß, welche am 26. Februar 1904, mittags zwischen 1½ und 1 Uhr den hoch angesehenen Klavierhändler Lichtenstein in dessen Geschäftslokal Zeil 69 ermordet und beraubt haben. Diese seltene Gelegenheitspostkarte sendet mit den besten Grüßen." So konnte man seinen Lieben einen Gruß mit dem Konterfei der Mörder schicken.

Dieses Verbrechen ist jedoch noch aus einem anderen Grund bemerkenswert: Im Zusammenhang mit den Ermittlungen soll ein Beamter gesagt haben: „Die Daktyloskopie wird noch an Bedeutung gewinnen." Man hatte nämlich einen blutigen Fingerabdruck am Hemdkragen des Opfers gefunden; diese Methode der wissenschaftlichen Ermittlung steckte damals noch in den Kinderschuhen.

Paris war Vorreiter bei der Einführung von wissenschaftlichen Ermittlungsmethoden; der Hilfsschreiber Alphonse Bertillon in der Polizeipräfektur Paris hatte sich Gedanken über dieses Thema gemacht. Er entwickelte eine anthropometrische Methode zur Erfassung von Straftätern. Dabei stützte er sich auf den belgischen Statistiker Adolphe Quételet, der erforscht hatte, dass keine zwei Menschen die gleichen Abmessungen der Gliedmaßen und des Schädels haben. Bertillon führte einen speziellen Stuhl ein, auf dem Verdächtige fotografiert wurden; zunächst wurde ein Porträt frontal aufgenommen, dann noch das linke und rechte Profil. Durch diese gleiche Art, Personen zu fotografieren, konnten Identifizierungserfolge erhöht werden. 1882 bekam er die Gelegenheit, dieses System zu erproben: Es führte zu einem Fahndungserfolg!

1896 wurde schließlich die Bertillonage im deutschen Kaiserreich eingeführt, Dresden wandte sie als erstes an, gefolgt von Hamburg und Berlin. Noch heute ist die dreiteilige Fotografie Bestandteil im Erkennungsdienst. Der Erfolg der Bertillonage sollte aber dazu führen, dass man Fingerabdrücken erst einmal keine Bedeutung schenkte.

Die Polizei in Dresden war Vorreiter bei der Anwendung der Daktyloskopie („Fingerschau“, griech.: daktylos – Finger, skopein – schauen). In einer Studie hatte der britische Botaniker Nehmia Grew charakteristische Merkmale der Hautrillen und Furchen beschrieben, wissenschaftlich wurde dieser Betrachtung allerdings keine Beachtung geschenkt. Dem schottischen Arzt Dr. Henry Faulds war aufgefallen, dass die Papillarlinien bei zwei Menschen nicht identisch sind. Er ließ das Ergebnis seiner Forschung 1880 in der Londoner Zeitschrift „Nature“ veröffentlichen, worauf er vom Scotland Yard verspottet wurde. Zwölf Jahre später untermauerte der Naturforscher und Genetiker Sir Francis Galton die Untersuchungen und ließ das Buch „Fingerprints“ mit Vorschlägen der systematischen Erfassung und Ordnung von Fingerabdrücken herausgeben.

Als in der zweiten Hälfte des 19. Jahrhunderts Indien durch das Britische Empire kolonialisiert wurde, stellte die Auszahlung von Löhnen an die Wanderarbeiter ein Problem dar, da diese oft weder lesen noch schreiben konnten. Der britische Verwaltungsbeamte William J. Herschel gab in Indien Zahlungen nur gegen Abgabe eines Fingerabdrucks als „Quittung“ heraus, um Mehrfachzahlungen bei Schummeleien zu vermeiden.

Nach der Jahrhundertwende begann der Siegeszug des neuen Ermittlungsverfahrens und verdrängte zunehmend die Bertillonage. Alphonse Bertillon betonte immer wieder, dass seine Methode der Daktyloskopie nicht unterlegen war. Er starb verbittert 1914.

Papillarleisten an den Fingerspitzen werden im Mutterleib gebildet; man unterscheidet Bögen, Schleifen und Wirbel, die von Mensch zu Mensch unterschiedlich sind und zeitlebens erhalten bleiben (außer bei Verletzungen oder mutwilligem Einwirken wie durch Säure). Selbst eineiige Zwillinge, die die gleiche DNA haben, verfügen über unterschiedliche Fingerabdrücke. Die Wahrscheinlichkeit, dass zwei Menschen identische Fingerabdrücke haben, liegt bei 1:64 Milliarde. Im AFIS (Automatisiertes Fingerabdruckidentifizierungssystem) des Bundeskriminalamtes sind über drei Millionen Abdrücke gespeichert.

In Argentinien, das als erstes Land der Welt die Daktyloskopie einführte, wurde schon 1892 in La Plata ein Doppelmord mithilfe von Fingerabdrücken aufgeklärt.

Giftmörder Karl Hopf – Eine umwerfende Partie

Als Karl Hopf die Musterschule in Frankfurt besuchte, konnte noch niemand ahnen, dass er eines Tages in die Kriminalgeschichte eingehen würde. Durch eine Ausbildung zum Drogisten erwarb er Grundkenntnisse in Chemie und Bakteriologie, die er später im Eigenstudium weiter ausbaute. Schließlich zog es ihn in die weite Welt, die Metropole London war die erste Station. Er beherrschte Säbel- und Florettfechten und brachte es in London gar zu einem Weltmeistertitel. Der weitere Weg führte ihn nach Marokko und Indien, von wo aus er jedoch wegen gesundheitlicher Probleme die Heimreise antrat. Nun war es das beschauliche Wörsdorf bei Idstein, das zu seiner neuen Heimat wurde. Er eröffnete dort eine Futtermittelhandlung, der kein Erfolg beschieden war, und zog schließlich nach Niederhöchstadt am Taunus um, wo er eine Hundezucht betrieb. Hier war er erfolgreich, seine Bernhardiner waren gefragt, sie gewannen zahlreiche Preise und brachten ihm als Züchter viel Geld ein. 1902 heiratete Karl Hopf die junge Josepha Henel, die er durch sein einnehmendes Wesen beeindruckte. Leider war dem jungen Glück nicht viel gemeinsame Zeit beschieden, denn kurz nach der Hochzeit erkrankte Josepha und verstarb. Alles, was dem Witwer blieb, war die Summe der Lebensversicherung. Hopf blieb jedoch nicht lange allein, denn schon bald beschloss er, sich wieder zu binden. Christine Schneider wurde die neue Frau Hopf, auch dieses Mal wurde eine Lebensversicherung abgeschlossen. Kurz nach der Hochzeit erkrankte Christine; ihr Mann war sehr um sie besorgt, brachte Aufmerksamkeiten mit und pflegte sie. Zeitweilig war sie bei ihren Eltern, die natürlich auch um das Wohlergehen ihrer Tochter besorgt waren. Ihre Pflege schlug an und so gelang es ihnen tatsächlich, sie wieder auf die Beine zu bringen, woraufhin sie zu ihrem Gatten zurückkehrte. Kurz darauf verschlechterte sich ihr Gesundheitszustand jedoch erneut, weshalb die Eltern ein weiteres Mal die Pflege übernahmen. Jedes Mal, wenn sie zu Hopf zurückkehrte, ging es ihr jedoch wieder schlecht. Schließlich ließ Christine sich scheiden. Kurz danach verstarb sie. Nachdem Hopf die erhoffte Versicherungssumme nun nicht hatte kassieren können, die finanziellen Engpässe aber immer bedrückender geworden waren, beschloss er, beruflich umzusatteln. Er verließ Niederhöchstadt und zog wieder in seine Geburtsstadt Frankfurt.

In der Nähe des Hauptbahnhofes fand er in der Bülowstraße 13 (heutige Heidelberger Straße) eine Bleibe. Die Hundezucht gab er auf, er eröffnete einen Fechtboden und erhielt eine Anstellung am renommierten Schumann-Theater, das 1905 seine Pforten geöffnet hatte und weit über die Stadtgrenze hinaus einen exzellenten Ruf genoss.

Der Zirkusdirektor Albert Schumann gastierte Ende des 19. Jahrhunderts auf dem damals noch unbebauten Gelände des heutigen Bahnhofsviertels. Der große Erfolg führte dazu, dass Schumann die Idee hatte, in Frankfurt eine feste Institution ins Leben zu rufen. Nach Plänen der Berliner Architekten Kristeller und Sonnenthal entstand einer der schönsten Jugendstilbauten ganz Frankfurts. Das Theater bot 4.500 Zuschauern einen Platz, eine große Kuppel ermöglichte die Auftritte von Hochseilartisten, Stallungen beherbergten Pferde und Gastronomieeinrichtungen wie die „Likörstube Mampe" sorgten für das leibliche Wohl. Einen Monat im Jahr wurden Operetten gegeben, einen weiteren Monat wurden Zirkusvorstellungen gezeigt und zehn Monate waren dem Varieté gewidmet. Die Größen der damaligen Zeit traten hier auf und verdienten Spitzengagen.

Hopf legte sich einen Künstlernamen zu, er trat als Captain Vernon oder Athos (einer der drei Musketiere) auf und machte sich seine Künste mit dem Säbel und Florett zunutze. Seine Vorführungen waren atemberaubend; einen an den Hinterbeinen aufgehängten Hammel durchschlug er mit einem Hieb und Gleiches geschah mit einem Apfel, den er seiner Partnerin auf die Kehle gelegt hatte, wobei natürlich die Partnerin keinen Schaden nahm, nicht einmal einen Kratzer bekam sie ab!

Trotz Spitzengage hatte Hopf weiterhin finanzielle Probleme, so entschloss er sich zu einer dritten Heirat. Die Dresdnerin Wally Siewic wurde die neue Frau Hopf. Wally war Hopf von ihrer Schwester vorgestellt worden, diese hatte sich um die Zukunft von Wally gesorgt und auf eine Kontaktanzeige von Hopf geantwortet. Wally lebte in dem Glauben, dass ihre Schwester ihn bei einem gesellschaftlichen Ereignis kennengelernt hätte. Da Hopf eine gepflegte Erscheinung abgab und sie umwarb, willigte sie in die Hochzeit ein. Die Zeremonie fand in London statt, wo Hopf ein Engagement hatte.

Im Schumann-Theater erfreuten neben Karl Hopf Josephine Baker, Charlie Rivel und Claire Waldoff ihr Publikum.

Wally wunderte sich, dass ihr Gatte eine Lebensversicherung auf Gegenseitigkeit abschließen wollte. Er machte einen vermögenden Eindruck und wäre im Falle ihres Ablebens, was nicht zu befürchten war, da sie von robuster Natur war, doch sicherlich genügend abgesichert. Die Versicherung wurde in Höhe von 80.000 Goldmark abgeschlossen. Als sie jedoch ein Formular unterzeichnen sollte, in dem sie sich einverstanden erklärte, dass im Falle ihres Todes eine Feuerbestattung erfolgen sollte, weigerte sie sich. Hopf erklärte ihr, das sei in seiner Familie so üblich, auch seine Mutter sei verbrannt worden. Dieses Formular unterzeichnete Wally nicht.

Kurze Zeit später erkrankte sie, Durchfall und Schwindel machten ihr zu schaffen. Hopf kümmerte sich rührend und ein Arzt wurde hinzugezogen, der Medikamente verschrieb, die Hopf ihr verabreichen sollte. Eines Tages bot er ihr ein Glas Sekt an, damit ihr Kreislauf gestärkt würde, der Sekt war mit Lavendel parfümiert. Nach dem Genuss dieses „Stärkungsmittels“, das nicht nur mit Lavendel, sondern auch mit Arsen versetzt war, ging es ihr richtig schlecht und ein Verdacht beschlich sie. Als sie sich etwas besser fühlte und Hopf gerade nicht zugegen war, durchsuchte sie den Schreibtisch ihres Mannes. Dort entdeckte sie Unterlagen, die nicht für ihre Augen bestimmt waren: Sie fand heraus, dass ihr Mann schon zweimal verheiratet gewesen war und

Karl Hopf mit seiner Assistentin. *Rechts: Karl Hopfs dritte Ehefrau Wally.*

dass beide Ehefrauen verstorben waren. Weitere Unterlagen belegten, dass seine finanzielle Situation bei Weitem nicht so gut war wie dargestellt. Ferner entdeckte sie Fotos, auf denen Hopf nur mit einer Maske und Strumpfhaltern bekleidet war. Da sich ihr Zustand nach einiger Zeit wieder verschlechterte, bestand sie darauf, ins Krankenhaus eingewiesen zu werden. Gegen den Protest ihres Mannes wurde sie ins Diakonissenkrankenhaus gebracht, wo ein versierter Toxikologe tätig war. Der Arzt war schnell der Meinung, dass es sich nicht um eine einfache Infektion handelte. Er vermutete Vergiftungserscheinungen. Ferner erinnerte er sich daran, dass vor einiger Zeit in einer Zeitung ein Artikel erschienen war, in dem die Vermutung geäußert wurde, dass ein Mann namens Hopf seine Ehefrau vergiftet habe. Der Beschuldigte hatte dagegen geklagt und der Journalist war mit einer Geldstrafe belegt worden. Der Arzt teilte der Polizei seinen Verdacht mit, worauf eine Lawine ins Rollen geriet.

Man untersuchte die Wohnung von Hopf, in der man neben den pikanten Fotos auch Peitschen und Sexspielzeuge fand; in einem separat angemieteten Zimmer, zu dem seine Frau keinen Zutritt hatte und das er als Labor nutzte, fand man nicht nur eine umfangreiche Bibliothek zum Thema Gift, sondern auch Cholera- und Typhusbakterien sowie Digitalis (Fingerhutgift) und Arsen. All das in einer Menge, die ausgereicht hätte, um fast die gesamte Frankfurter Bevölkerung auszulöschen. Hopf hatte sich eigens Briefbögen drucken lassen, um diese Dinge am Kralschen Institut in Wien zu Forschungszwecken bestellen zu können. Niemand hatte Verdacht geschöpft.

Die Verhaftung von Hopf war nun beschlossene Sache: Am 14. April 1913, als er das Krankenhaus nach dem Besuch bei seiner Frau verließ, die eingeweiht war, schlugen die Beamten zu. Auf der Eschersheimer Landstraße wurde er von Beamten in eine Kutsche gezerrt und ins Präsidium gebracht. Ein Fläschchen Zyankali, das er bei sich trug und im Falle einer Verhaftung zu sich nehmen wollte, konnte man ihm rechtzeitig abnehmen. Schließlich wurden die verstorbenen Ehefrauen exhumiert und tatsächlich gelang es Chemikern, Hopf nachzuweisen, dass er seinen Ehefrauen Gift verabreicht hatte, was letztlich den Tod herbeiführte. Auch seine Eltern und sein unehelicher Sohn sowie sein Töchterchen aus zweiter Ehe waren unter mysteriösen Umständen ums Leben gekommen.

Bei den Untersuchungen der Leichen spielte ein Apparat, den der englische Chemiker James Marsh (geb. 1789) entwickelt hatte, eine große Rolle. Dieses Gerät wurde in der Rechtsmedizin dazu genutzt, Arsen nachzuweisen. Es handelte sich um einen Wasserstoffentwicklungsapparat, in dem aus Zink, Wasser und Schwefelsäure Wasserstoff produziert wurde. Die zu untersuchende Substanz wurde mit Salpetersäure behandelt und hineingegeben. Nach einer Weile konnte man das aus einem Gasleitungsrohr entweichende Gas anzünden, wobei man vor die Flamme ein Stück kaltes Porzellan hielt. Falls die untersuchte Substanz Arsen enthielt, kam es auf dem Porzellan zu schwarzen, metallisch glänzenden Flecken.

Es war weltweit einer der ersten Indizienprozesse dieser Art. Der Staatsanwalt sprach von einer neuen Art des Mordens, ja, man müsse hier schon von „wissenschaftlichem Mord“ sprechen. Verständlicherweise erregte die Verhandlung bei Gericht großes Aufsehen. Wer zufällig seinen Pkw am Gericht geparkt hatte, konnte die Sitzplätze gewinnbringend an Schaulustige vermieten. Gerichtsmediziner Dr. Popp verlas eine lange Erklärung zur Ermittlungsmethode, wodurch die Verhandlung einer Vorlesung mit wissenschaftlichem Inhalt ähnelte.

Der Frankfurter Georg Popp besuchte die Wöhlerschule und zeigte schon früh Interesse an der Chemie. Nach einer Lehrzeit als Nahrungsmittelchemiker in Marburg studierte er Chemie in Zürich und Leipzig, wo er promovierte. Auf eigene Initiative gründete er 1889 in Frankfurt das Institut für gerichtliche Chemie und Mikroskopie. 1924 wurde er als erster deutscher Gerichtsmediziner zum Honorarprofessor für forensische Chemie ernannt.

Er gilt als Begründer der mikroskopischen naturwissenschaftlichen Kriminalistik und damit der modernen Rechtsmedizin. Auf ihn geht der Popp'sche Grundsatz zurück: „Die Unterschiede in den Böden von Ort zu Ort machen wertvolle Hinweise, um die Verknüpfung zwischen einem Verdächtigen und einem Tatort zu beweisen". Man erkannte, dass die Untersuchung von Bodenproben und -resten z. B. an Schuhsohlen von Verdächtigen zur Aufklärung eines Verbrechens beitragen konnte. Im Volksmund wurde Dr. Popp als „Jäger" bezeichnet, was einerseits seiner Vorliebe für die Jagd geschuldet war und sich andererseits auf die Fahndung nach Verbrechern bezog. Er starb 82-jährig in einer Jagdhütte bei Urberach.

Hopf selber gab einiges zu, widerrief dann aber Teile seines Geständnisses. Schließlich konnte er aufgrund der chemischen Analysen aber doch überführt werden. Das Urteil wurde in Preungesheim mit dem Beil vollzogen, nachdem Hopf mit Appetit seine letzte Mahlzeit zu sich genommen, sich über den Kaffee beschwert und erbost den Geistlichen weggeschickt hatte. Da Wally, der es inzwischen immer besser ging, seine sterblichen Überreste nicht beanspruchte, um sie zu bestatten, wurden sie nach Marburg an die medizinische Fakultät geschickt, um Forschungszwecken zu dienen.

Vergeltung der Schwester Flessa

Wie eine skrupellose Mörderin sah Wilhelmine Flessa sicherlich nicht aus, sie wirkte eher unscheinbar und harmlos; und doch sollte sie die Hauptrolle in einem spektakulären Mord im Jahr 1925 spielen.

Trotz schwieriger Familienverhältnisse – der Vater war Alkoholiker, die Mutter nervenkrank – gelang es Wilhelmine Flessa, eine Ausbildung zur Krankenschwester erfolgreich abzuschließen. Sie war tüchtig und fleißig, denn sie ließ sich auch noch zur Fürsorgerin ausbilden. Ihr Leben war von Arbeit geprägt, große Abwechselungen oder Vergnügungen im Privatleben gab es nicht. Diese Eintönigkeit wurde durch

Hier kreuzten sich die Wege von Wilhelmine Flessa und Dr. Seitz.

einen kleinen, harmlosen Zwischenfall jäh unterbrochen: 1923 hatte sie sich durch Ungeschicklichkeit eine Verletzung am Finger zugezogen, woraufhin sie ärztliche Hilfe benötigte. So lernte sie im Rotkreuz-Krankenhaus an der Königswarterstraße den Arzt Dr. Ernst Seitz kennen.

Hatte sie bisher kein Interesse an einem Mann bekundet, so war sie nun auf einmal unsterblich in diesen Arzt verliebt. Er war zwar mit der Tochter einer Patientin verlobt, dem einen oder anderen Techtelmechtel jedoch nicht abgeneigt, solange es unverbindlich blieb. Wilhelmine Flessa war eines von vielen amourösen Abenteuern des Arztes, doch damit wollte sie sich nicht zufriedengeben. Sie schrieb ihm Briefe, die er anfangs als Dankschreiben einer Patienten abtat. Dann wurde sie fordernder, begann ihm nachzustellen und wollte schließlich sogar ein Kind von ihm, wobei sie ihm zusicherte, dass ihm keine Verpflichtungen jedweder Art daraus entstehen würden. Dem Arzt wurde die Geschichte unheimlich, er war um seinen Ruf besorgt, dachte an seine Verlobte und seinen beruflichen Werdegang. Überhaupt war er der Meinung, dass Wilhelmine Flessa doch eigentlich wissen müsse, dass er hübsche, gebildete Frauen bevorzugte. Als Wilhelmine Flessa dann bemerkte, dass sie nur ausgenutzt worden war, lauerte sie Dr. Seitz auf dem Heimweg auf und forderte ihn auf, sein Testament zu machen, denn sie wolle ihn umbringen. Der verstörte Arzt ging zur Polizei, die diesem Zwischenfall keine große Bedeutung beimaß. Im Juli 1925 besorgte die Krankenschwester sich eine Schusswaffe, um ihren Plan zu verwirklichen. In dem Wohnhaus des Arztes an der Wittelsbacher Allee versteckte sie sich im Treppenhaus und wartete auf seine Heimkehr. Als er eintraf, streckte sie ihn mit drei Schüssen nieder, wobei schon der erste Schuss tödlich war.

Die Gerichtsverhandlung gestaltete sich recht schwierig, da die Angeklagte gelegentlich Tobsuchtsanfälle bekam, die man ihr von der äußeren Erscheinung her gar nicht zugetraut hätte. Sie schrie wild herum und brachte die Antworten stockend oder in einem eigenartigen Singsang hervor. Einerseits erklärte sie, dass sie Dr. Seitz nicht habe töten wollen, was schwer fällt zu glauben, wenn jemand mit einer geladenen, entsicherten Waffe herumläuft, andererseits sollte er büßen für das, was er ihr angetan habe. Zeugen sagten aus, dass Dr. Seitz geäußert habe, diese Frau sei sein Schicksal. Wilhelmine Flessa wurde am 26. März 1926 zum Tode verurteilt, was eine Welle der Entrüstung hervorrief. Frauenverbände legten Protest ein und auch Fritz von Unruh, zu der Zeit einer der bekanntesten Schriftsteller, wies auf die seelische Not der zurückgewiesenen Verurteilten hin. Das Urteil wurde in der Tat nicht vollstreckt, denn es hatte einen Formfehler gegeben: Als Beisitzer war ein Assessor zugegen, was nicht rechtmäßig war. Somit wurde das Urteil aufgehoben und der Fall neu verhandelt. Nun lautete es sieben Jahre Zuchthaus wegen versuchten Totschlags in Tateinheit mit fahrlässiger Tötung. Nachdem Wilhelmine Flessa die Strafe abgebüßt hatte, nahm sie einen anderen Namen an und ihre Spur verlor sich.

Rosemarie Nitribitt – Tod einer Edelprostituierten

Am 1. November 1957 wurde in der Stiftstraße 36 im obersten Stockwerk die Leiche einer jungen Frau aufgefunden; die Nachricht über den Leichenfund verbreitete sich wie ein Lauffeuer, handelte es sich doch um Rosemarie Nitribitt, die stadtbekannte „Lebedame", die in den obersten Kreisen der Wirtschafts- und Finanzwelt verkehrte.

Ihr korrekter Name lautete Maria Rosalie Auguste Nitribitt. Sie erblickte am 1. Februar 1933 in Düsseldorf das Licht der Welt und wuchs unter schwierigen Verhältnissen auf. Ihre Mutter hatte mehrere Kinder von verschiedenen Vätern, ihren eigenen lernte Rosemarie wahrscheinlich nie kennen. Sie absolvierte eine „Karriere" in verschiedenen Fürsorge- und Erziehungsheimen, aus denen sie gelegentlich verschwand, um Ausflüge nach Köln oder Frankfurt zu unternehmen, woraufhin sie aufgegriffen und zurückgebracht wurde. Schließlich landete sie bei Pflegeeltern in Mendig in der Eifel. Als sie volljährig wurde, ließ sie sich in Frankfurt nieder. Nach einem kurzen Aufenthalt in der Eschersheimer Landstraße 11 mietete sie sich ein Zimmer im noblen Westend. In der Feuerbachstraße 30 vermietete Witwe Nöll ihre Zimmer an Untermieter, sie selbst soll auf dem Küchensofa genächtigt haben. Frau Nöll hatte prominente Untermieter, denn neben Rosemarie Nitribitt zählte auch Bill Ramsey dazu, der beim amerikanischen Unterhaltungssender American Forces Network (AFN) gearbeitet hatte und nun in Frankfurt studierte. Er soll sich häufiger darüber beklagt haben, dass „die Nitribitt" es mit den Eigentumsverhältnissen im Kühlschrank nicht sehr genau nahm und lange das Telefon und Bad blockierte. Von ihrem beruflichen Werdegang habe er nichts mitbekommen, berichtete er später. Schließlich wurde es Zeit für ein eigenes Domizil, in dem sie ungestört sein konnte. 1956 mietete sie sich in der Stiftstraße ein.

Nach heutigen Maßstäben handelt es sich um einen unattraktiven 1950er-Jahre-Bau, aber damals war es eine Top-Immobilie in einer guten Lage. Im obersten Stockwerk mietete sie eine Wohnung von etwa 75 Quadratmetern mit Wohnzimmer, Schlafzimmer, Küche und Bad. Die Ausstattung war fast luxuriös zu nennen: Sie umfasste große Panoramafenster, einen Lift, einen Müllschlucker, eine Gegensprechanlage und eine Fußbodenheizung. Das hatte natürlich seinen Preis: Die monatliche Miete belief sich ungefähr auf den Monatslohn einer Verkäuferin, d. h. etwa 150 DM, hinzu kam noch ein Baukostenzuschuss in Höhe von ungefähr 5.000 DM.

All das konnte sie sich leisten, denn ihr Geschäft lief gut. Sie stand mit vollem Namen im Telefonbuch als „Mannequin", im Milieu nannte sie sich Rebecca, Becky oder Gräfin Mariza. Vielfach wird mit ihrem Namen das Bahnhofsviertel verbunden, was nicht ganz richtig ist. Sie hat zwar kurze Zeit in verschiedenen Bars gearbeitet, u. a. im „Café Express" in der Kaiserstraße 63, aber ihr eigentlicher „Einzugsbereich" bei der Kundensuche war die Strecke zwischen dem Hotel „Frankfurter Hof" und dem Eschenheimer Turm.

Hier fuhr sie mit ihrem schwarzen Mercedes Cabrio 190 SL mit roten Ledersitzen entlang, um Kunden zu finden. Einen Opel Kapitän hatte sie gegen dieses Luxusgefährt eingetauscht und bar bezahlt, eine Angewohnheit von ihr. Sie sammelte ihre Einnahmen in einer Blechbüchse, erst wenn sich genügend angesammelt hatte, wurde es auf ein Sparbuch gebracht. Gern simulierte sie auch mal eine „Autopanne", um sich von hilfsbereiten Männern helfen zu lassen. Im „Alten Café Schneider" in der Kaiserstraße 12 gehörte sie zu den Stammgästen. An der Stelle des Cafés befindet sich heute eine Bar. Auch hier erschien sie gelegentlich mit ihrem Mischlingshund, der schon mal zur „Geschäftsanbahnung" genutzt wurde, wenn er zu einem Nachbartisch mit einem interessanten Herrn lief. Wie eine Servicekraft bemerkte, gab Rosemarie Nitribitt selten Trinkgeld. Für sich selbst hingegen gab sie viel Geld aus, denn ihre Kunden sollten schließlich davon profitieren. So investierte sie in Kleidung, Make-up und Schmuck, besuchte eine Mannequin-Schule und erwarb Fremdsprachenkenntnisse, auch Fran-

Hinter den Fenstern über der Telefonnummer im obersten Stockwerk befand sich das Wohnzimmer. 2013 wurde das „Nitribitt-Haus" unter Denkmalschutz gestellt, was nicht nur der prominenten Bewohnerin, sondern auch der Architektur von Wilhelm Berentzen geschuldet ist.

zösisch beherrschte sie. Das, was sie von anderen Prostituierten unterschied, war, dass sie die Eleganz und den Erfolg einer Geschäftsfrau vermittelte. Vielleicht war es das, was viele erfolgreiche Männer in ihren Bann zog; so sollen die Brüder Sachs, Krupp von Bohlen und Halbach, ein Frankfurter Konsul, ein Versandhausbesitzer und auch ein längst verstorbener, recht beleibter bayerischer Ministerpräsident zu ihrem Kundenstamm gehört haben.

Am 1. November 1957 wurde ihre Leiche aufgefunden. Die Putzfrau von Rosemarie Nitribitt war bestellt worden; da sie keinen Schlüssel zur Wohnung hatte, musste sie läuten. Niemand öffnete, was Frau Krüger wunderte, Besorgnis allerdings beschlich sie, als sie mehrere Tüten mit Brötchen vor der Tür entdeckte. Sofort alarmierte sie die Polizei, die in die Wohnung eindrang und die Leiche von Rosemarie Nitribitt im Wohnzimmer vor dem Sofa auf dem Fußboden liegend vorfand. Sie wies eine Kopfwunde sowie Würgemale auf, unter dem Kopf lag ein sorgsam zusammengefaltetes Frotteehandtuch. Da der Verwesungsprozess schon fortgeschritten war, denn die Fußbodenheizung war eingeschaltet, öffneten die Beamten als erstes die Fenster, was es im Nachhinein schwierig machte, anhand der Körpertemperatur der Leiche den exakten Todeszeitpunkt zu bestimmen.

Kurze Zeit nach dem Auffinden der Leiche wurde ein Freund von Rosemarie Nitribitt verhaftet: Heinz Pohlmann, der für sie Botengänge unternahm und auch schon mal den Hund ausführte. Pohlmann war ein glückloser Handelsvertreter, der unter chronischem Geldmangel litt. Nach dem Auffinden der Leiche verfügte der Mann plötzlich über finanzielle Mittel, um Schulden zu begleichen und ein Auto zu kaufen; all das machte ihn verdächtig. Die Indizienkette ließ sich jedoch nicht lückenlos schließen, sodass Pohlmann freikam. Mit neuer Identität ließ er sich in München nieder. Inzwischen geht man davon aus, dass es Schweigegeld war, das ihm zur Verbesserung seiner finanziellen Lage verholfen hatte, denn er hatte Kenntnis über die Freier. Weiter ist inzwischen bekannt, dass er Firmengelder veruntreut hatte. Pohlmann hatte auch versucht, sein „Insider-Wissen“ an die Illustrierte „Quick“ zu verkaufen, seine Serie wurde jedoch rasch eingestellt.

Rosemarie Nitribitt wurde in ihrem Geburtsort Düsseldorf auf dem Hauptfriedhof bestattet; ihren Schädel allerdings behielt man in Frankfurt, da die Polizei die Hoffnung nicht aufgab, das Tatwerkzeug zu finden, mit dem ihr die Kopfwunde beigebracht worden war. Der Schädel diente auch angehenden Kriminalisten als Anschauungsmaterial. Im Kriminalmuseum des Polizeipräsidiums war er eine Zeit lang ein grausiges Ausstellungsstück in einer Glasvitrine. Als die Nutzungsdauer des Grabes ablief, sorgten Spender und die Halbschwestern von Rosemarie Nitribitt dafür, dass sie verlängert wurde; ihnen ist es auch zu verdanken, dass der Schädel inzwischen ordnungsgemäß bestattet wurde. Niemand weiß, wer den großzügig gestalteten Grab-

Über diesen Laubengang an der rückwärtigen Seite des Hauses muss der Mörder in die Wohnung gelangt sein und den Tatort wieder verlassen haben.

stein finanziert hat, das angegebene Todesdatum (1. November 1957) ist Ermittlungen zufolge definitiv falsch, man geht vom 29. Oktober 1957 aus.

Der Mordfall Nitribitt sorgte für großes Aufsehen, was dazu führte, dass schon 1958 ein Buch über den Fall erschien: „Rosemarie. Des deutschen Wunders liebstes Kind" von Erich Kuby. Der Autor arbeitete auch mit am Drehbuch für den Film über „Das Mädchen Rosemarie" mit Nadja Tiller in der Hauptrolle. Von offizieller Seite wurde starker Protest erhoben, schadete dieses Machwerk doch nach Ansicht des Auswärtigen Amts dem Ansehen der jungen Bundesrepublik. Aller Protest nützte nichts, der Film wurde gezeigt und entwickelte sich zum Kassenschlager, vielleicht brachte er auch die Karriere von Nadja Tiller voran. Inzwischen gibt es mehrere Filme und

Vollständig lautet der Psalm: „Darum merkte ich, dass nichts Besseres darin ist, denn fröhlich sein und sich gütlich tun in seinem Leben.“ (Prediger 3, 12)

ein Theaterstück, die sich mit dem Mordfall befassen. Ein hervorragendes Remake entstand in den 1990er-Jahren mit Nina Hoss in der Hauptrolle.

Dass Rosemarie Nitribitt weit über Frankfurt hinaus einen hohen Bekanntheitsgrad hatte, beweist der Bericht eines Mitarbeiters der „Frankfurter Rundschau", der bei einem Besuch in Tokio von Kollegen dort gefragt wurde: „How is Rosi?"

Der Fall Helga Matura – Gewerbsmäßige „Unzucht"

Es waren zwei Hausbewohner in der Gutleutstraße 85, die sich am 27. Januar 1966 Sorgen um eine Mitbewohnerin machten, deren Wohnungstür längere Zeit nur angelehnt war. Auf Klingeln reagierte sie nicht, daraufhin betraten nach einiger Zeit die besorgten Nachbarn den Flur der Wohnung und bemerkten überall Blutspuren. Die Polizei machte dann im Schlafzimmer eine grausige Entdeckung: Die Bewohnerin lag spärlich bekleidet und erstochen auf dem Boden vor ihrem Himmelbett.

Bei dem Opfer handelte sich um eine „Kollegin" von Rosemarie Nitribitt, ihr Name war Helga Sofie Matura. Es gibt noch weitere Parallelen zu Rosi: Auch Helga war Jahrgang 1933 und fuhr ein Mercedes Cabrio 220 SE. Sie – die aus einfachen Ver-

Helga Matura, eine stadtbekannte „Lebedame".

hältnissen stammte, der Vater war Kellner, die Mutter Hausfrau – verkehrte auch als „Lebedame" in den oberen Kreisen der Wirtschafts- und Finanzwelt. In Düsseldorf hatte sie die Volksschule besucht und eine Ausbildung zur Hutmacherin absolviert. Da die Natur sie mit großer Schönheit ausgestattet hatte, nahm sie an Misswahlen teil, einmal belegte sie sogar den zweiten Platz bei der Wahl zur Miss Rheinland. Freunde wussten später zu berichten, dass sie der Schönheit jedoch auch durch die eine oder andere Operation nachgeholfen habe. Ihren rechten Oberschenkel zierten die Initialen eines adligen arabischen Verehrers.

Nach außen war sie eine strahlende Schönheit, ihr Wesen jedoch wurde nach einer grafologischen Untersuchung eines Instituts in München als „hart" und „kalt" beschrieben, sie „täusche Gefühle vor, die sie nicht habe". Matura arbeitete als Mannequin und zog einige Zeit nach ihrer Scheidung von dem Düsseldorfer Kaufmann Horst W., die 1955 ausgesprochen wurde, nach Luxemburg. Hier verdiente sie ihr Geld als Tänzerin und Bardame; in Karlsruhe plante sie die Eröffnung einer Judo-Schule, an der sie als Lehrerin arbeiten wollte. Die Genehmigung hatte sie schon beantragt, als sie doch beschloss, nach Frankfurt zu ziehen. Helga Matura wohnte anfangs in der Niedenau 40, bezog dann aber in der Gutleutstraße 85 eine Vier-Zimmer-Wohnung, die gediegen ausgestattet war: Stilmöbel, Parkett und echte Teppiche sorgten für ein ansprechendes Ambiente.

Gesellschaft leisteten ihr zwei grau-blaue Angora-Katzen, die auf die Namen Desirée und Casanova hörten. Ihr Himmelbett hatte etwa 7.000 DM gekostet, ein äußerst luxuriöses Möbelstück. Sie konnte es sich leisten, verdiente sie doch in einer Nacht mehr als mancher Arbeiter im ganzen Monat. Die „gewohnheitsmäßige Erwerbsunzucht", wie es damals hieß, war einträglich. Die Kundensuche gestaltete sie ähnlich wie die bei Rosemarie Nitribitt: In ihrem Mercedes Cabrio mit Weißwandreifen fuhr sie durch die Innenstadt und vermittelte dabei das Bild einer erfolgreichen Geschäftsfrau. Ihr Autokennzeichen lautete: F-KA-70, „F" für Frankfurt und „KA" für Karin – das war ihr „nom de lit" – so nannte sie sich im Gewerbe. Ihr Privatleben wusste sie gut abzuschirmen, sie lebte zurückgezogen.

Nach dem Auffinden der Leiche jedoch konnten die Leser zahlreicher Illustrierten erfahren, dass sie etwa 50 Paar Schuhe, einen Nerzmantel, einen Persianer, mehrere Nerzstolen, kostbaren Schmuck und ein gut gefülltes Bankkonto mit ungefähr einer halben Million DM besessen hatte. Da diese Gegenstände beim Auffinden der Leiche in der durchwühlten Wohnung noch vorhanden waren, kann es sich um keinen Raubmord gehandelt haben, es müssen andere Gründe gewesen sein. Bis heute ist der Fall unaufgeklärt. Die Bestattung fand in Recklinghausen statt, wo sich Verwandte um das Grab kümmern wollten. Hier sorgte Helga Matura wiederum für Schlagzeilen: Sie hatte für den Fall ihres Ablebens verfügt, dass sie in einem

Im zweiten Stockwerk ereignete sich der Mord an Helga Matura.

Heute steht an der Stelle, an der sich das Wohnhaus befand, das Hotel „Roomers".

bestimmten Sarg bestattet werden wollte, der 1.000 DM kostete. Bei der Bestattung waren lediglich fünf weibliche Trauergäste anwesend, darunter ihre Mutter; geistlicher Beistand blieb ihr verwehrt. Als die Angehörigen der Bestatteten in den Nachbargräbern erfuhren, wer da zur letzten Ruhe gebettet worden war, gab es einen Aufstand, der zu einer Umbettung führte.

1980 schien noch einmal Bewegung in den Fall zu kommen, denn ein ehemaliger Söldner brüstete sich in Berlin damit, „die Matura" ermordet zu haben. Recherchen ergaben allerdings schnell, dass er nicht der Mörder sein konnte, da er zur Tatzeit eine Haftstrafe absaß. Sein Alibi war absolut „wasserdicht".

Der Mordfall Matura sorgte für ein Medienecho und fand auch literarisch seinen Niederschlag. Gerhard Zwerenz ließ 1982 den Roman „Abschied von dem Mädchen" veröffentlichen und 2010 erschien Jan Seghers' Roman „Die Akte Rosenherz", in dem er den Fall mit seinem fiktiven Kommissar Marthaler aufgreift.

Auch der Maler Gerhard Richter war von Helga Matura fasziniert. Er hatte einen „Atlas“, wie er es nannte, angelegt; das war eine Sammlung von Zeitungsausschnitten und Fotos von verschiedenen Persönlichkeiten, die sogar auf der documenta gezeigt wurde. Es waren auch Unterlagen über Helga Matura darunter, auf die er sich stützte, als er zwei Werke in Öl von ihr anfertigte. Das Bild „Helga Matura mit Verlobtem“ ist im Museum Kunstpalast in Düsseldorf zu sehen, ein weiteres Porträt von ihr in der Art Gallery of Ontario.

Der Hammermörder – Angst im Wohnsitzlosen-Milieu

In einer Stadt wie Frankfurt prallen die Gegensätze aufeinander; in der Bankenmetropole wird viel Geld verdient und ausgegeben, auf der anderen Seite gibt es aber auch Menschen, die an diesem Wohlstand nicht teilhaben. Nach Angaben des Sozialdezernenten leben in Frankfurt zur Zeit etwa 2.400 Wohnsitzlose. Es gibt zahlreiche Angebote von unterschiedlichen Trägern, um Wohnsitzlosen eine Unterkunft zu bieten, allerdings wird dieses Hilfsangebot nicht von allen angenommen. Somit gibt es Menschen, die das ganze Jahr über „Platte machen“, also auf der Straße leben. Wenn die Temperaturen gegen Null tendieren, sind es allabendlich allein im Bereich der Hauptwache fast 100 Personen, die sich dort für die Nacht häuslich mit Schlafsack und Isomatte einrichten.

Das Wohnsitzlosen-Milieu Frankfurts wurde vom 2. Februar bis 22. Mai 1990 von einer Mordserie erschüttert; der „Hammermörder“ trieb sein Unwesen. Sieben wohnsitzlose Männer wurden mit einem Schlosserhammer erschlagen. Das erste Opfer wurde schwer verletzt am 2. Februar 1990 unter den Arkaden der Weißfrauenstraße von einem Wachmann gefunden, es handelte sich um einen Mann, der seit zehn Jahren in Frankfurt lebte. Einige Tage später fand man ein weiteres Opfer mit Schädelverletzungen in der Friedberger Anlage, auch dieses Opfer erlag seinen Verletzungen. Eine Bushaltestelle an der Rechneigrabenstraße war der nächste Tatort, das Opfer wurde tot aufgefunden. Es handelte sich um einen Wohnsitzlosen, der regelmäßig in einer Unterkunft einen Schlafplatz aufsuchte, diese Übernachtung am 2. April an der Bushaltestelle wurde ihm zum Verhängnis. Auch in der nächsten Nacht schlug der Mörder wieder zu: Dieses Mal traf es zwei Männer in der Eschenheimer Anlage. Die Polizei arbeitete auf Hochtouren, eine Sonderkommission „Berber“ wurde eingerichtet. Sonderstreifen, Puppen als potenzielle „Opfer“ auf Parkbänken, Polizisten als „Köder“, all das sollte zur Ergreifung des Täters führen.

Auch hier schlug der Hammermörder zu.

Die Stimmung unter den Wohnsitzlosen war angespannt, entgegen ihrer üblichen Manier rückten sie näher zusammen, um in der Gruppe Schutz zu finden. Im Gedenken an die Opfer veranstalteten sie vor dem Dom eine Mahnwache für die Ermordeten und wiesen so in der Öffentlichkeit auf die Situation hin. Das nächste Opfer fiel aus dem Schema, denn es gehörte nicht dem Wohnsitzlosen-Milieu an. Es handelte sich um einen 32 Jahre alten Brasilianer, der in der Homosexuellen-Szene verkehrte. Er hatte ein von Brasilianern veranstaltetes Fest besucht und sich von Freunden bis zur Konstablerwache bringen lassen. Am Weiher in der Bockenheimer Anlage fand man später seine Leiche. Er war niedergestochen worden und dann hatte man ihm den Schädel eingeschlagen. Es waren letztlich nicht die Bemühungen der Polizei, die zur Ergreifung des Täters führten, sondern die Aufmerksamkeit von Anwohnern in der Alten Mainzer Gasse. Am 22. Mai 1990 bemerkten Anwohner Geräusche auf der Straße, sie schauten heraus, sahen einen Mann am Boden liegen und einen dunkelhaarigen Mann weglaufen. Die Anwohner verständigten die Polizei und konnten eine genaue Beschreibung des Flüchtenden abgeben; so kam es, dass kurze Zeit später die beschriebene Person an der Konstablerwache festgenommen werden konnte. In einer

Tüte trug der Mann einen Schlosserhammer und ein Fleischermesser mit Blutspuren. Er wurde sofort im Polizeipräsidium verhört.

Der Haft- und Ermittlungsrichter im Fall des „Hammermörders“ war Clemens B., der seinen Dienst 1975 antrat und sich großer Beliebtheit erfreute. Seine Aufgabe bestand darin, ein Ermittlungsverfahren von der Verhaftung des Täters bis zur Anklageerhebung vor Gericht zu begleiten. Die Entscheidungen über Untersuchungshaft, Telefonüberwachungen und Platzverweise lagen bei ihm. Seine Verhandlungen waren nicht öffentlich, somit trug er nicht die sonst übliche Robe. Bis zum Ende seiner beruflichen Karriere im Jahr 2012 sah er an manchen Tagen bis zu zehn Verdächtige, von denen ihm einige im Gedächtnis geblieben sind. Hierzu zählte der „Hammermörder“ oder der Entführer von Jakob Fiszman, der in Hand- und Fußfesseln vorgeführt wurde, was er nur einmal in seiner beruflichen Laufbahn erlebte. Als ein Zirkusartist wegen Raubes vorgeführt wurde, fragte B. ihn nach seinen Kunststücken, woraufhin dieser einen Stuhl auf dem Kopf balancierte. Ein anderer Verdächtiger war außer sich bei der Vorstellung, in Haft genommen zu werden und drohte, den Kugelschreiber des Haftrichters zu verspeisen. B. konnte gar nicht so schnell zusehen, wie der Mann seinen Stift verschluckte. Diese Tat brachte ihm einen Krankenhausaufenthalt ein, wo man das verschluckte Objekt operativ entfernte, was zum Leidwesen des Verdächtigen die Tätowierung auf seiner Brust ramponierte.

Bei dem Festgenommenen handelte es sich um Arthur Gatter, der 1940 das Licht der Welt in Ravensburg erblickt hatte. Er hatte sich zum Elektriker ausbilden lassen und war in jungen Jahren nach Australien ausgewandert. Er war schließlich nach Deutschland zurückgekehrt und hatte für verschiedene Firmen auf Montage gearbeitet, wodurch er die Länder des Orients kennengelernt hatte. In den 1980er-Jahren war Gatter nicht mehr arbeitsfähig, er verlor seine Wohnung in der Wilhelm-Leuschner-Straße, weil er dort randaliert, Fenster zerschlagen, ein Waschbecken und eine Toilettenschüssel aus den Verankerungen gerissen hatte. Er war nach Bornheim gezogen, wo er wegen wirrer Reden aufgefallen war, die dazu führten, dass er in der Psychiatrie von Haina untersucht wurde. Man entließ ihn aber als unauffällig. Wegen zwei anderer Delikte kam er am 19. Februar 1990 vor Gericht: Im Riederwald hatte er Reifen zerstochen und an einem Wohngebäude außen liegende Telefonkabel durchtrennt.

Neben dem Tatwerkzeug ist im Kriminalmuseum die Kleidung des Täters zu sehen, die nicht – wie es den Anschein hat – mottenzerfressen ist. Die Löcher entstanden, als man Blutflecken aus dem Hemd herausgeschnitten hat, um sie kriminaltechnisch untersuchen zu lassen.

Einem psychiatrischem Gutachten zufolge war er schuldunfähig und wurde entlassen. Zu diesem Zeitpunkt war das erste Opfer schon tot. Nach seinen Aussagen waren es „innere Stimmen", die ihn zu den Übergriffen auf die Obdachlosen getrieben hatten. Wieso obdachlose Männer seine Opfer wurden, lässt sich rational nicht nachvollziehen.

Arthur Gatter nahm sich am 12. Dezember 1990 in der Gerichtspsychiatrie in Gießen das Leben, indem er sich mit einer Mullbinde am Fenster erhängte. Dank seiner Festnahme konnten die Wohnsitzlosen in Frankfurt wieder aufatmen. Die Bedrohung des „Hammermörders" gehörte nun der Vergangenheit an.

Ende eines diskreten Etablissements im Westend

Hinter der gediegenen Gründerzeitfassade mit der Hausnummer 124a im Kettenhofweg befand sich ein Edelbordell, das die Eheleuten Gabor und Ingrid Bartos betrieben hatten, die ab 1977 im Besitz dieser denkmalgeschützten Immobilie waren. Das Erdgeschoss bewohnte das Paar selbst; der Keller, in dem es eine Sauna, Umkleideräumlichkeiten mit Spinden und einen Raum zum Kennenlernen der Damen gab, gehörte zum Bordellbetrieb wie auch die Räume im ersten und zweiten Stock. Hier gab es neben einem Balkonzimmer ein schwarzes, goldenes und pinkfarbenes Zimmer.

Zutritt gab es nur auf Empfehlung und nach einer Gesichtskontrolle. Herren in Maßanzügen, deren berufliches Umfeld zum Teil auch im Westend angesiedelt war, gingen dort ein und aus. Als am Vormittag des 15. August 1994 ein Stammkunde Einlass begehrte, wurde ihm nicht geöffnet. Ihm fiel auf, dass die Rollläden noch heruntergelassen waren, was für diese Zeit ungewöhnlich war. Zwei junge Frauen, Mitarbeiterinnen des Ehepaars Bartos, die das Wochenende über frei gehabt hatten, stießen zu dem ratlosen Kunden, der die Mutter von Ingrid Bartos anrief, die Ersatzschlüssel besaß. Im Haus machten sie dann einen grausigen Fund, denn sie entdeckten sechs Leichen. Neben dem Ehepaar Bartos waren vier russische Frauen im Alter von 18 bis 28 Jahren ermordet worden. Gabor Bartos fand man erdrosselt in der Sauna, seine Frau lag erdrosselt im Nebenraum. Eine junge Frau wurde im Heizungskeller entdeckt, zwei weitere im ersten Stock und eine Leiche lag im zweiten Stock. Erste Vermutungen ließen an die russische Mafia denken.

Gabor Bartos handelte nicht nur mit Holz, Flugzeugen und Ersatzteilen. Er selbst besaß eine Piper Arrow und eine Cessna 401, mit der gelegentlich junge russische Frauen über Ungarn nach Deutschland geflogen wurden. Am Flughafen Egelsbach erinnerte man sich daran, dass Bartos häufiger in Begleitung leicht bekleideter, junger Damen kam. Seine Frau, Erbin eines renommierten Frankfurter Schreibwarengeschäfts, in dem sich angeblich Kunden ihren Besuch im Kettenhofweg als Ausgabe für „Büromaterial“ quittieren ließen, war für die Aufsicht und Einweisung der jungen Damen zuständig. Wie später im Prozess ausgesagt wurde, sei es für sie nicht immer leicht gewesen, den jungen Damen die notwendigen Kenntnisse und Gepflogenheiten für das alltägliche Leben hier zu vermitteln.

Die Tatsache, dass Gabor Bartos aktenkundig war, u. a. wegen einer Prügelei in einem Edelbordell, brachte die Fahnder schließlich auf die richtige Spur. Auf einem Foto war ein altersschwacher Fiat Uno zu sehen, der einer Frau namens Sofia B. gehörte, die auch für Bartos arbeitete. Sofia war die Tochter eines deutschen Bauingenieurs, der eine Baufirma in Kasachstan leitete, und einer Russin. 1989 lernte sie ihren Mann kennen, Jewgenij B. aus Moldawien, der nach der Heirat ihren Nachnamen annahm und sich fortan Eugen B. nannte. In einer Frauenzeitschrift aus Moldawien entdeckte Sofia eine Anzeige, in der Frauen für eine gut bezahlte Arbeit in Frankfurt gesucht wurden. Ihr Studium der Elektrotechnik gab sie auf, ihr Mann war auch der Meinung, dass das unnütz sei, sie wollten schließlich schnell zu Geld kommen und sich ihre Wünsche erfüllen. Sofias Bewerbung wurde angenommen und Bartos holte sie am Bahnhof in Frankfurt ab.

Wenn sie nicht für ihn arbeitete, lebte sie mit ihrem Mann in einem Aussiedlerheim in Rettenbach im Allgäu. Dort wurden beide am 18. August 1994 festgenommen. Eugen B. trug die Rolex-Uhr von Bartos, er hatte ein Auto für 22.000 DM gekauft

Nichts deutete auf das Gewerbe hin, Diskretion wurde großgeschrieben.

und bar bezahlt, das entsprach genau dem Betrag, der in der Kasse von Bartos fehlte; bei Sofia wurden Louis-Vuitton-Taschen von Ingrid Bartos sichergestellt. Ferner fand die Kriminalpolizei abgeschnittene Stromkabel, mit denen die Opfer erdrosselt worden waren und die genau zu den Elektrogeräten im Kettenhofweg passten, an denen die Kabel abgetrennt worden waren. Auch die Pässe der Getöteten wurden entdeckt. Fasern und Blutspuren stellten ebenfalls eine Verbindung zwischen B. und den Opfern her. Im Gepäck von B. gab es eine von Hand angefertigte Skizze des Bartos'schen Anwesens, die Sofia erstellt hatte. Vor Gericht schwiegen beide erst und gaben dann unterschiedliche Versionen zu Protokoll.

Am Sonntagabend des 14. August hatte Sofia mit ihren vier Kolleginnen im Kettenhofweg noch einen Geburtstag gefeiert. Von dem Essen war ihrem letzten Kunden von Ingrid Bartos noch etwas angeboten worden, wie er im Prozess erklärte. Er habe mit Ingrid Bartos gegessen, dann sei Gabor Bartos nach einem Spaziergang mit dem Hund hinzugekommen. Sofia hatte sich zu dem Zeitpunkt schon von Frau Bartos verabschiedet, er selbst sei gegen 22 Uhr gegangen. Danach ereignete sich die Tat. Sofia hatte ihrem Mann offenbar Zugang zum Haus verschafft, der die Kasse leer räumte und die Zeugen ermordete. Wichtiges Indiz im Prozess war eine Radlerhose, die durch Fasern und Blutspuren eine Verbindung zwischen B. und allen Opfern bewies. Immer wieder sprach B. von der Russenmafia und einem ominösen „Alexander", er habe die Opfer lediglich gefesselt; internationale Ermittlungen ergaben aber keine Spur in dieser Richtung. Im Prozess erstaunte B. den Gutachter mit seiner Liebe zur klassischen Literatur; Dostojewski, Gogol und auch Goethe waren dem gelernten Koch überaus vertraut. Wegen sechsfachen Mordes wurde B. schließlich zu einer lebenslangen Freiheitsstrafe verurteilt. Sofia, der man keine Beteiligung an den Morden nachweisen konnte, erhielt für den Raub eine Haftstrafe von sechs Jahren.

4.

Politisch motivierte Straftaten

Carl Ludwig Rumpf – Anarchisten wurden sein Verhängnis

Am 13. Januar 1885 wurde der Polizeirat Dr. Carl Ludwig Franz Rumpff im Vorgarten seines Wohnhauses Im Sachsenlager 5 im ruhigen Frankfurter Westend von seinem Dienstmädchen erstochen aufgefunden.

Rumpff entstammte einer Frankfurter Familie und hatte die Offizierslaufbahn eingeschlagen, die er jedoch wegen eines Reitunfalls aufgeben musste. Zeit seines Lebens machte ihm eine Gehbehinderung zu schaffen. Er studierte Jura, promovierte und begann seine berufliche Laufbahn bei der Polizei. Da er recht ehrgeizig war, ließ die Karriere nicht lange auf sich warten: 1867 wurde er Königlich-Preußischer Polizeirat. Er widmete sich besonders politisch motivierten Straftaten, wobei er gelegentlich unorthodoxe Methoden anwendete, die ihm aber große Erfolge bescherten. Rumpff war als Koryphäe im ganzen Kaiserreich gefragt, wenn es um die Aufklärung politisch motivierter Straftaten ging. Auch Frankfurt galt als Tummelplatz der Anarchisten, die ganz Europa in Atem hielten. Hitzköpfe hingen der Lehre des Russen Bakunin an und verbreiteten Angst und Schrecken; ihnen wurden Attentate auf König Humbert von Italien, Zar Alexander II., Kaiserin Elisabeth von Österreich und den französischen Präsidenten Carnot nachgesagt. Sogar Kaiser Wilhelm I. wurde zur Zielscheibe: Am 12. Mai 1878 schoss der Klempnergeselle Hödel auf ihn, als er mit seiner Tochter, Großherzogin Luise, in Berlin unterwegs war. Hierauf legte Bismarck das erste Mal ein Gesetz gegen die Sozialdemokratie vor, was aber vom Reichstag abgelehnt wurde.

Am 2. Juni 1878 wurde ein weiteres Attentat auf den Kaiser verübt, wobei er durch einen Schuss mit einer Schrotflinte so schwer verletzt wurde, dass er die Regentschaft an den Kronprinzen übertrug. Nun wurde der Reichstag auf Anraten von Bismarck aufgelöst, Neuwahlen sorgten für eine neue Zusammensetzung, die das „Gesetz gegen die gemeingefährlichen, auf den Umsturz der Staats- und Gesellschaftsordnung gerichteten Bestrebungen der Sozialdemokratie" genehmigte. Das sogenannte Sozialistengesetz trat im Oktober 1878 in Kraft und legitimierte das Verbot von sozialdemokratischen Zeitungen, die Auflösung von sozialdemokratischen Vereinen und Gewerkschaften sowie die Beschlagnahmung von Druckereien, Büchern und Broschüren.

Der Clesernhof hieß eigentlich Gläsershof und war vom Kaufmann Peter Caspar Gläser aus Nürnberg errichtet worden. Der Patrizierbau stammte aus dem Jahr 1686.

Zwei Jahre später war eine Flugblattaktion im Zusammenhang mit der Eröffnung des Frankfurter Opernhauses geplant, die Rumpff erfolgreich verhinderte. Seine Erfolge machten ihn aber auch zur Zielscheibe von Attentaten, er bekam häufig Drohbriefe und sein Vermieter klagte darüber, dass es schwer sei, andere Mieter für sein direktes Umfeld zu finden.

Schließlich wurde Frankfurt zum Schauplatz eines Anschlags: Eine Sprengladung explodierte im Polizeipräsidium Clesernhof. Im zweiten Stock war unter einer Treppe ein Sprengsatz angebracht worden. Hier hatte Polizeirat Rumpff sein Büro und dieser Anschlag galt mit Sicherheit ihm. Durch glückliche Umstände wurde aber niemand verletzt.

Nach der Annexion Frankfurts durch Preußen im Zuge der preußisch-österreichischen Auseinandersetzungen erhielt die Stadt eine preußische Polizei, der ein Polizeipräsident vorstand. Da keine Absicht bestand, für das oberste Organ, das Polizeipräsidium, ein neues Gebäude zu errichten, beschloss man, ein vorhandenes Bauwerk zu nutzen: den Clesernhof, der direkt hinter dem Römer lag. Das Gebäude ging in den Besitz der Stadt über und wurde zum Symbol des Preußenhasses.

Ein weiterer Sprengsatz sollte bei der Einweihung des Niederwald-Denkmals im September 1883 detonieren. Das Nationaldenkmal des Dresdner Bildhauers Schilling, das auf einem 25 Meter hohen Sockel die Germania darstellt, sollte in Anwesenheit von Kaiser Wilhelm I., dem Kronprinzen (dem späteren Kaiser Friedrich), Ministern, Gesandten und Bundesfürsten feierlich enthüllt werden. Die geladenen Gäste ahnten nichts von dem Sprengsatz, der tags zuvor angebracht worden war. Glücklicherweise hatte lang anhaltender Regen ihn unschädlich gemacht, sodass es nicht zu einer Detonation kam.

Als bekannt wurde, dass Polizeirat Rumpff ermordet aufgefunden worden war, hieß es sofort: „Das waren die Anarchisten!“ Ein Zeuge hatte in der ruhigen Gegend im Westend einen Schrei und das Zuschlagen einer Gartentür gehört sowie einen jungen Mann wegrennen sehen. Einige Tage nach dem grausamen Mord an dem 62-jährigen Witwer, der halbwüchsige Kinder hinterließ, stieß man bei einer Routinekontrolle in Hockenheim auf den 20-jährigen Schuhmachergesellen Julius Lieske. Bei der Kontrolle seiner Papiere stellte die Polizei fest, dass etwas nicht stimmte, darauf angesprochen zog Lieske eine Waffe, gab einige Schüsse ab und versuchte zu fliehen. Er konnte jedoch überwältigt werden und wurde verhört. Lieske gab an, er habe mit dem

Im Leinwandhaus ist heute das caricatura-museum (Museum für komische Kunst) untergebracht.

Mord an Rumpff nichts zu tun. Er stritt sogar ab, in Frankfurt gewesen zu sein, was jedoch widerlegt werden konnte. Er hatte u. a. in einer Herberge verkehrt und sich bei anderen Handwerksgesellen über Rumpff erkundigt. Schnittwunden an seiner Hand schienen von dem gleichen Werkzeug zu stammen, mit dem Rumpff erstochen worden war. Lieske hatte deshalb noch am Tag der Tat einen Arzt aufgesucht. Im Verhör allerdings betonte er, dass er in Scherben gefallen sei. Als weitere Zeugen bestätigten, Lieske vor dem Haus Sachsenlager 5 gesehen zu haben, galt das Beweismaterial als ausreichend. Ihm wurde im Schwurgericht im Leinwandhaus der Prozess gemacht.

Das spätgotische Leinwandhaus an der Südseite des Domes geht vermutlich auf den Dombaumeister Madern Gerthener zurück und diente als Stadtwaage. Es ist ein schönes Beispiel für die Entwicklung eines Kaufmannshauses aus einem mittelalterlichen Wohnturm, wobei das steile Walmdach mit dem Wehrgang charakteristisch ist. Möglicherweise diente das Gebäude als Vorbild für das Steinerne Haus des Kaufmanns Melem, das dieser später errichten ließ. Ab Ende des 14. Jahrhunderts wurde das Leinwandhaus für den Tuchhandel wichtig, denn hier wurden außerhalb der Messezeiten kostbare Stoffe und Tuche sowie Flachs und Hanf gelagert. Gegen Entgelt versteht sich, denn so konnte die Stadt am wichtiger werdenden Tuchhandel verdienen. Eine Kopie der Frankfurter Elle (standardisiertes Maß zum Abmessen der Stoffe, 54,73 Zentimeter) an der Fassade erinnert noch an diese Nutzung. Der Bau wurde aber auch als Zollamt und Schwurgericht genutzt. Im Zweiten Weltkrieg brannte das Leinwandhaus aus und wurde 1983 wieder errichtet, danach diente es verschiedenen Galerien.

Der leitende Staatsanwalt wurde wüst von Lieske beschimpft, der bis zuletzt seine Unschuld beteuerte. Nachdem das Urteil Todesstrafe ergangen war, prophezeite der Angeklagte, er sei der letzte, den er zum Tode verurteilen würde. Tatsächlich verfiel der Staatsanwalt wenig später dem Wahnsinn und starb in einer Nervenheilanstalt. Lieske hatte die Tat vermutlich nicht im Alleingang begangen, die Hintermänner jedoch wurden nicht bekannt. Die neuere Forschung geht davon aus, dass ein Schneider namens August Peschmann hinter der Sache steckte, da Rumpff ihn zu einer mehrjährigen Haftstrafe verurteilt hatte. Lieske wurde mit einem Schnellzug nach Wehlheiden bei Kassel gebracht, wo er am 17. November 1885 hingerichtet wurde.

Rosa Luxemburg – Anstiftung zum Ungehorsam

Vor dem Frankfurter Landgericht wurde Rosa Luxemburg aufgrund von Anstiftung zum Ungehorsam zu einem Jahr Haft verurteilt, die Anklage berief sich u. a. auf den Paragraf 110 StGB.

§ 110 StGB: „Wer öffentlich vor einer Menschenmenge oder wer durch Verbreitung oder Anschlag oder öffentliche Ausstellung von Schriften oder anderen Darstellungen zum Ungehorsam gegen Gesetze oder rechtsgültige Verordnungen oder gegen die von der Obrigkeit innerhalb ihrer Zuständigkeit getroffenen Anordnungen auffordert, wird mit Geldstrafe bis zu 600 Mark oder mit Gefängnis bis zu zwei Jahren bestraft."

Nach Ansicht des Gerichts hatte Rosa Luxemburg genau diesen Straftatbestand erfüllt. Ab 1913 trat sie öffentlich auf und hielt flammende Reden gegen den drohenden Krieg. Auf ihren Reisen führte ihr Weg sie auch nach Frankfurt; vor begeisterten Zuhörern sprach sie sowohl im „Alten Anker“ in Fechenheim als auch im Festsaal „Zur Liederhalle“ in Bockenheim. Dort waren im September 1913 jedoch nicht nur ihre Anhänger zugegen, sondern auch Spitzel der Polizei, die ihre Reden zum Teil mitschrieben. Die Anklage stützte sich auf folgende Passage ihres Vortrags: „Wenn uns zugemutet wird, die Mordwaffe gegen unsere französischen oder anderen ausländischen Brüder zu erheben, so erklären wir: Nein, das tun wir nicht.“

Der Staatsanwalt forderte ein Jahr Haft, die sie sofort antreten solle, denn es bestünde Fluchtgefahr, worauf sie entgegnete: „Herr Staatsanwalt, ich glaube Ihnen, Sie würden fliehen. Ein Sozialdemokrat flieht aber nicht. Er steht zu seinen Taten …“ Bei dem Verfahren wurde sie rasch von der Angeklagten zur Anklägerin und hielt abermals eine beeindruckende Rede, die später unter dem Titel „Militarismus, Krieg und Arbeiterklasse“ veröffentlicht wurde.

Die ehemalige Liederhalle, heute „Titania“, war einst ein Treffpunkt der Arbeiter in Bockenheim.

Eine Gedenktafel erinnert an die prominente Rednerin.

Schon früh hatte sich Rosa Luxemburg politisch betätigt, die aus einer jüdischen assimilierten Familie in Polen stammte. Polen war kein eigenständiger Staat; Preußen, Österreich und Russland hatten es unter sich aufgeteilt. Warschau gehörte zu Russland, wo russische Beamte die Bevölkerung unterdrückten. Aufgrund ihres politischen Wirkens war sie zur Flucht gezwungen worden und hatte sich unter abenteuerlichen Bedingungen nach Deutschland und dann in die Schweiz begeben, denn dort konnten Frauen studieren, was in Deutschland noch nicht möglich war. Was Rosa Luxemburg an äußerlichen Reizen fehlte, sie war kleinwüchsig und litt unter einem Hüftleiden, machte sie durch messerscharfe Intelligenz wett. Ihr Abitur hatte sie mit Auszeichnung bestanden und in Zürich promovierte sie über die industrielle Entwicklung Polens. Durch eine Scheinehe mit dem Sohn einer Freundin erlangte sie die preußische Staatsbürgerschaft, Voraussetzung für eine Parteikarriere in Berlin. Schon nach kurzer Zeit avancierte sie zur bedeutendsten Wortführerin des linken SPD-Flügels.

Ihre Strafe musste sie erst im Februar 1915 antreten, sie wurde in ihrer Wohnung in Berlin verhaftet und in das „Weibergefängnis" in der Barnimstraße gebracht. Ihre neue Bleibe in der Zelle 219 bestand aus einer Holzpritsche mit einer Decke und einem Kissen, einem festgeschraubtem Stuhl, auf dem sie mit dem Blick zur Tür sitzen konnte, einem Tisch sowie einem Blechnapf mit Löffel. Der Parteivorstand finanzierte ihr die Möglichkeit der „Selbstbeschäftigung", damit sie nicht – wie andere Inhaftierte – Tüten kleben musste. Freunde bat sie immer wieder um Bücher, nicht nur für die Arbeit, sondern auch um ihre Hobbys zu pflegen: Geologie, Ornithologie und Botanik waren Gebiete, die sie sehr interessierten.

In einem Brief aus der Haft schrieb Rosa Luxemburg an eine Freundin: „Die Orchideen überhaupt kenne ich sehr gut, in dem wundervollen Gewächshaus in Frankfurt a. M., wo eine ganze Abteilung mit ihnen angefüllt ist, habe ich sie damals nach meinem Prozess, wo ich das Jahr gekriegt habe, mehrere Tage fleißig studiert. Ich finde, sie haben in ihrer leichten Grazie und den phantastischen, unnatürlichen Formen etwas so Raffiniertes, Dekadentes. Sie wirken auf mich wie die zierlichen gepuderten Marquisen des Rokoko. Ich bewundere sie mit einem inneren Widerstreben und einer gewissen Unruhe, wie meiner Natur überhaupt alles Dekadente und Perverse zuwider ist. Viel mehr Freude habe ich z. B. an dem einfachen Löwenzahn, der so viel Sonne in seiner Farbe hat und so ganz wie ich dem Sonnenschein sich voll und dankbar öffnet, beim geringsten Schatten aber wieder scheu verschließt."
Wronke, 1. Juni 1917

Ihre politischen Tätigkeiten stellte sie während der Haft jedoch nicht ein, dank einer ihr wohl gesonnenen Aufseherin gelang es, das eine oder andere Schriftstück aus der Zelle zu schmuggeln.

Im Februar 1916 wurde sie aus der Haft entlassen, Freunde und Unterstützer säumten die Straßen. Für die Demonstration zum 1. Mai schrieb sie das Flugblatt, woraufhin Tausende zum Potsdamer Platz strömten und Liebknechts Parole hörten: „Nieder mit dem Krieg! Nieder mit der Regierung!" Liebknecht wurde verhaftet und die Demonstranten wurden vertrieben. Das Flugblatt von Rosa Luxemburg kursierte unter der Hand weiter und machte klar, dass es Widerstand gegen den Krieg gab. Im Juli 1916 wurde sie erneut verhaftet; da es keine stichhaltigen Gründe für eine Verhaftung gab, kam sie – ohne dass ein Urteil gesprochen wurde – in „militärische Sicherheitshaft", wobei die inhaftierte Person nie wusste, wie lange diese dauern würde. In regelmäßigen Abständen wurde sie verlängert.

Am 9. November 1918 konnte Rosa Luxemburg endlich ihre Zelle verlassen, sie war inzwischen nach Breslau verlegt worden. An diesem Tag machte die Nachricht die Runde, dass der Kaiser abgedankt habe und Friedrich Ebert Reichskanzler geworden sei. Da kaiserliches Militär und Bürokraten nicht ausgewechselt worden waren, rief Rosa Luxemburg zur Wachsamkeit auf. Freunde rieten ihr und Karl Liebknecht, sich zu verstecken, was beide ablehnten. Sie wurden verraten und im Januar 1919 von konterrevolutionären Offizieren in das vornehme Hotel „Eden" in Berlin gebracht. Liebknecht wurde erschossen, Rosa Luxemburg verhöhnt, misshandelt und ebenfalls erschossen. Ihre Leiche wurde in den Landwehrkanal geworfen, wo sie Monate später an einer Schleuse angeschwemmt wurde. Am 13. Juni 1919 konnte sie beerdigt werden, aus diesem Anlass fanden in vielen Städten in Deutschland Trauerkundgebungen der Arbeiterbewegung statt, so auch in Frankfurt. Straßenbahnen standen für eine Weile still, Großbetriebe schlossen und es wurde durchgesetzt, dass die Glocken des Frankfurter Domes ihr zu Ehre läuteten.

Die „Rote Hand" greift durch

In den 1950er-Jahren wurde Deutschland von einer Serie von Sprengstoffanschlägen und Attentaten erschüttert, die auf das Konto der „Roten Hand" (La Main Rouge) gingen, einer französischen Terrororganisation, die unerbittlich gegen die algerische Befreiungsbewegung FLN (Front de Libération Nationale) und ihre Unterstützer vorging. Die französischen Patrioten – als solche verstanden sich die Mitglieder der „Roten Hand" – setzten alles daran, das nordafrikanische Kolonialreich zu erhalten. Um dieses Ziel zu erreichen, war ihnen jedes Mittel recht: Bekämpft wurden nicht nur Politiker, die einer Aufgabe der Kolonie zustimmten, sondern auch Gegner in der Kolonie selbst sowie ihre Unterstützer in anderen Ländern, zu denen zahlreiche Waffenlieferanten gehörten. Auch Frankfurt wurde zum Schauplatz eines Attentats der „Roten Hand".

Am Abend des 2. März 1959 stellte der Kaufmann Georg Puchert seinen Mercedes 190 nicht wie üblich in der Garage ab, sondern parkte nur wenige Gehminuten von seiner Wohnung entfernt in der Guiollettstraße, was sich als schwerwiegender Fehler erweisen sollte. Als er am nächsten Morgen ins Auto stieg und den Motor startete, gab es eine Explosion, die im Umkreis von 70 Metern die Fensterscheiben zerbersten ließ, Passanten zu Boden warf und Georg Pucherts Körper zerfetzte. Sein Oberkörper war auf das Lenkrad mit der Hupe gefallen, deren durchdringender Ton im Westend weit zu hören war.

Georg Puchert war im Krieg bei der Marine gewesen und 1945 in Hamburg gelandet. Hier hatte er geplant, eine Spedition zu eröffnen, was sich aufgrund von wirtschaftlichen Problemen als nicht realisierbar herausstellte. Nach dieser Erkenntnis verkaufte er fast sein gesamtes Hab und Gut, erwarb ein Boot, mit dem er zusammen mit seiner Frau und seiner siebenjährigen Tochter nach Marokko fuhr, wo er in Tanger vor Anker ging. Auch hier hatte er vor, im Speditionsgeschäft Fuß zu fassen. Marokko jedoch erteilte Deutschen keine Aufenthalts- und Arbeitserlaubnis, sodass Puchert nichts anderes übrig blieb, als ohne festen Wohnsitz auf dem Boot mit seiner Familie zu leben. Zigarettenschmuggel nach Südeuropa diente drei Jahre lang als Einnahmequelle, bis die Ehefrau Pucherts, eine Engländerin, auf die Idee kam, für sich und ihre Familie englische Pässe zu besorgen. Nun konnte die Familie in Marokko an Land gehen, eine Wohnung beziehen und sich eine Existenz aufbauen.

Als im November 1954 Unruhen in Algerien begannen, unterstützte Puchert die Freiheitskämpfer, indem er für sie Proviant, Waffen und Munition besorgte. Sein Deckname lautete „Captain Morris", nach seiner bevorzugten Zigarettenmarke aus den USA. Aufgrund seiner Tätigkeit geriet er ins Visier der „Roten Hand", deren Mitglieder versuchten, Unterstützer der Freiheitskämpfer umzustimmen, sie einzuschüchtern oder zu liquidieren. Zur „Roten Hand" gehörte auch der Geheimbund „Catena" (lat. Kette), der in Wiesbaden nach dem Zweiten Weltkrieg von französischen Offizieren gegründet worden war. Erklärte Ziele waren die Eindämmung des Bolschewismus und die Erhaltung kolonialer Interessen. Um die Waffenlieferungen von Puchert zu unterbinden, wurden 1957 zwei seiner Schiffe in die Luft gesprengt, die er eigens zu diesem Zweck erworben hatte. Die Einschüchterungen gingen weiter, im Dezember 1958 lauerte man ihm in der Lindenstraße auf und machte ihm mit vorgehaltener Waffe unmissverständlich klar, dass er seine Waffenlieferungen einstellen sollte, denn sonst würde ihn das gleiche Schicksal ereilen wie dem Hamburger Waffenhändler Otto Schlüter, auf den mehrere Attentate verübt wurden, bis er sich schließlich zurückzog. Otto Schlüter war ein Lieferant Pucherts. Zunächst gelang es Puchert, seine Bedroher hinzuhalten, sie kamen jedoch immer wieder und ließen ihn wissen, dass sich seine Tochter, die noch in Tanger war, in Gefahr befinde, woraufhin Puchert sie nach Frankfurt holte. Er ging nur noch schwer bewaffnet aus dem Haus und übergab einer Bekannten eine Liste mit Namen, die seinen an erster Stelle aufführte. Es handele sich um eine Abschussliste, wie er ihr erklärte; kurze Zeit später wurde daraus Gewissheit. Es heißt, sein Begräbnis sei von der algerischen Befreiungsbewegung bezahlt worden.

Mit der Aufklärung des Falles wurde nicht die Abteilung für politische Verbrechen beauftragt, sondern die Mordkommission, weil man vermeiden wollte, dass allzu viel diplomatisches Feingefühl die Ermittlungen behinderte. Oberstaatsanwalt W. hatte sich diesbezüglich beim Auswärtigen Amt Rückendeckung geholt, was ihm nicht schwerfiel, da er mit dem Außenminister Heinrich von Brentano gut bekannt war. Wie sich herausstellte, hatten die Attentäter mithilfe eines Magneten unter dem Fahrersitz des Mercedes von Puchert eine Sprengladung angebracht, die durch einen Draht mit

In der Guiollettstraße verübte die „Rote Hand“ am 3. März 1959 ein Sprengstoffattentat auf den Waffenlieferanten Georg Puchert.

einem auf dem Auspuffrohr liegenden Gewicht verbunden war. Beim Anlassen des Motors vibrierte der Auspuff, das Gewicht fiel herunter und löste den Zünder aus.

Alle Bestrebungen, die Unabhängigkeit Algeriens zu verhindern, erwiesen sich als vergeblich, denn im Jahr 1962 wurde die französische Kolonie in die Unabhängigkeit entlassen.

Regisseur Kurt Meisel drehte 1960 eine deutsch-italienische Produktion mit dem Titel „Die Rote Hand", in der neben Paul Hubschmid auch Fritz Rémond zu sehen ist.

RAF-Terror in Frankfurt

Als in den frühen Morgenstunden des 2. April 1968 Brände in den Kaufhäusern M. Schneider (Ecke Zeil/Stiftstraße) und im Kaufhof an der Zeil die Feuerwehr ausrücken ließen, hatte der Terror der erst zwei Jahre später offiziell gegründeten Rote-Armee-Fraktion (RAF) Frankfurt erreicht.

An den Brandstiftungen beteiligt waren neben Thorwald Proll und Horst Söhnlein auch Gudrun Ensslin und Andreas Baader. Gudrun Ensslin hatte Andreas Baader im Umfeld der APO (Außerparlamentarische Opposition) in Berlin kennengelernt und mit ihm zusammen schon im August 1967 einen Rauchbombenanschlag auf die Kaiser-Wilhelm-Gedächtniskirche verübt. Dies geschah kurze Zeit, nachdem der Student Benno Ohnesorg in Westberlin während einer Demonstration gegen den Besuch des Schahs von Persien durch den Kopfschuss eines Polizisten getötet worden war (2. Juni 1967), was schließlich zur Radikalisierung der Studentenbewegung führte. Neben friedlich gesonnenen Studenten gab es nun eine gewaltbereite Minderheit, die „Gewalt gegen Sachen" als probates Mittel des Protests gegen den Staat ansah.

Der Brand eines Kaufhauses als Symbol für den Protest gegen den Kapitalismus war nichts Neues: In Brüssel war bereits im Mai 1967 das Kaufhaus À l'innovation in Brand gesteckt worden, wobei über 300 Menschen starben. Die Berliner Kommune 1 verkündete in Flugblättern von Rainer Langhans und Fritz Teufel unverhohlene Freude über die Zerstörung eines Symbols des Kapitalismus und verglich die zu beklagenden Opfer mit denen des Vietnamkrieges. Im Flugblatt Nr. 8 vom 24. Mai 1967 hieß es „Wenn es irgendwo brennt in der nächsten Zeit, wenn irgendwo eine Kaserne in die Luft geht … seid bitte nicht überrascht. Genauso wenig wie … bei der Bombardierung

Das traditionsreiche Kaufhaus M. Schneider schloss seine Pforten auf der Zeil im Jahr 1998.

des Stadtzentrums von Hanoi, dem Einmarsch der Marines nach China. Brüssel hat uns die einzige Antwort darauf gegeben: Burn, warehouse, burn!"

Bei den Bränden in Frankfurt kamen glücklicherweise keine Menschen zu Schaden, wie die Attentäter später betonten, habe man absichtlich eine Zeit außerhalb der Geschäftszeit gewählt, um keine Personen zu gefährden. Die Brände waren eher dilettantisch ausgeführt; es handelte sich um Plastikflaschen, die mit Sprengstoff gefüllt waren, als Zeitzünder dienten Wecker. Baader, Ensslin, Proll und Söhnlein waren am 2. April 1968 nach Frankfurt angereist und hatten die Kaufhäuser ausspioniert. Kurz vor Ladenschluss hatten sie die Brandsätze gelegt: Im Kaufhof brannte ein Teil der Spielwarenabteilung, im Kaufhaus M. Schneider richteten zwei Brandsätze Schaden in der Abteilung für Damenoberbekleidung und an einem Schrank an. Nach dem Zünden der Brandsätze ging bei der Deutschen Presseagentur ein Anruf ein, in dem angekündigt wurde, dass es gleich im Kaufhaus Schneider und im Kaufhof brennen würde, es handle sich um einen politischen Racheakt. Der Sachschaden war vergleichsweise gering und die Nachtwächter blieben unversehrt. Die Geschäftsführungen beider Häuser lobten am nächsten Tag eine Belohnung für sachdienliche Hinweise zur Ergreifung der Täter aus und tatsächlich konnten die vier Täter schon am 4. April in einer Wohnung in Bockenheim gefasst werden.

In der Zeitschrift „Konkret“ (Ausgabe 14 von 1968) schrieb Ulrike Meinhof, Journalistin und späteres Mitglied der RAF, hierzu: „So bleibt, daß das, worum in Frankfurt prozessiert wird, eine Sache ist, für die Nachahmung – abgesehen von der ungeheuren Gefährdung für die Täter, wegen der Drohung schwerer Strafen – nicht empfohlen werden kann. Es bleibt aber auch, was Fritz Teufel auf der Delegiertenkonferenz des SDS (Sozialistischer Deutscher Studentenbund) gesagt hat: ‚Es ist immer noch besser, ein Warenhaus anzuzünden, als ein Warenhaus zu betreiben.‘ Fritz Teufel kann manchmal wirklich sehr gut formulieren.“

Der Prozess begann am 14. Oktober 1968 und erregte das Interesse nicht nur der Medien. Zu den Verteidigern der Angeklagten, die sich in guter Stimmung präsentierten und den Staatsanwalt und Richter provozierten, gehörten Otto Schily und Horst Mahler. Das verhängte Strafmaß belief sich auf drei Jahre, wogegen Revision eingelegt wurde. Die Haft wurde unter Auflagen ausgesetzt; als die Revision abgelehnt wurde, waren Baader, Ensslin und Proll nach Paris abgetaucht, sodass Söhnlein seine Haftstrafe allein antrat. Proll trennte sich später von Baader und Ensslin und meldete sich bei der Staatsanwaltschaft in Berlin-Moabit, um seine Strafe anzutreten. Die Journalistin Ulrike Meinhof sympathisierte mit den Aktionen der Verurteilten; sie war es auch, die der Gruppe den Namen gab: Rote-Armee-Fraktion (RAF). Er taucht 1971 erstmals auf, zusammen mit dem Symbol, das einen roten Stern mit einer Maschinenpistole zeigt. Bis dahin war die Rede von der „Baader-Meinhof-Bande“, die Geld benötigte, um ihre Aktionen durchführen zu können, was zu Überfällen auf Banken und zum Diebstahl von Fahrzeugen führte.

Am 11. Mai 1972 hinterließ die RAF ein weiteres Mal in Frankfurt ihre Spuren: Kurz vor 19 Uhr detonierten vor dem Casino des IG-Farben-Gebäudes, dem Hauptquartier des V. US-Corps, drei Sprengsätze in rascher Folge, die nicht nur eine gewaltige Rauchwolke erzeugten und die Fensterscheiben des etwa 80 Meter entfernt liegenden Hauptgebäudes bersten ließen, sondern auch ein Todesopfer forderten und 13 Menschen verletzten.

Bei dem Getöteten handelte es sich um den Oberstleutnant und Vietnamveteranen Paul Bloomquist, der im Casino zu Abend gegessen hatte und auf dem Weg zu seinem Auto war, das er vor dem Gebäude geparkt hatte. Ein Eisensplitter, der durch die Druckwelle seinen Hals verletzt hatte, führte seinen Tod herbei. Einige Tage später ging ein Bekennerschreiben bei der Deutschen Presseagentur ein, Unterzeichnerin war Ulrike Meinhof, die mitteilte, dass der Krieg nun in die Städte getragen

Der Vorplatz des Casinos, in dem es neben Speiseräumen auch Örtlichkeiten für gesellschaftliches Leben gab, wurde zum Tatort.

würde. Es sei ein Vergeltungsschlag wegen der Bombardierung von Hanoi durch die USA, die am 11. Mai 1972 begonnen hatte. Das verantwortliche Kommando der RAF, das die Tat beging, nannte sich „Petra Schelm", nach einem Mitglied, das bei der palästinensischen Fatah in Jordanien eine militärische Ausbildung bekommen hatte und als erstes RAF-Mitglied bei einer Großfahndung in Hamburg (1971) erschossen worden war.

Dies sollte nicht der einzige Anschlag auf das US-Hauptquartier bleiben, denn am 1. Juni 1976 detonierten wiederum zwei Sprengsätze auf dem Gelände, die glücklicherweise kein Todesopfer forderten, aber 16 Menschen verletzten.

Am 1. Juni 1972 gelang der Polizei ein entscheidender Schlag gegen die Spitze der Roten-Armee-Fraktion: Die Mitglieder Andreas Baader, Holger Meins und Jan-Carl Raspe wurden in Frankfurt verhaftet. Ein anonymes Schreiben in Stuttgart hatte für den 2. Juni gewaltsame Aktionen anlässlich des Jahrestages der Erschießung von Benno Ohnesorg angekündigt, was auch die Polizei in Frankfurt aufhorchen ließ. Seit einiger Zeit wurde aufgrund eines Hinweises ein Wohnblock in der Nähe des Hessischen Rundfunks observiert; ein unscheinbares Wohngebiet in ruhiger Lage. Die

Hier kam es zur spektakulären Verhaftung von Andreas Baader, Holger Meins und Jan-Carl Raspe.

Polizei ging davon aus, dass in einer Garage am Hofeckweg 2–4 Materialien zum Bau von Bomben lagerten.

Polizisten der hessischen Polizei und des Bundeskriminalamts umstellten den Wohnblock, schließlich fuhr ein Porsche Targa in die Einbahnstraße, zwei Personen stürmten in die Garage, eine dritte Person stand abwartend auf der Straße. Die Polizei forderte die Personen in der Garage auf, herauszukommen, was mit Schüssen beantwortet wurde, daraufhin floh die dritte Person, wurde aber von einer Anwohnerin entdeckt, die die Polizei informierte, sodass die Festnahme erfolgen konnte. Es handelte sich um Jan-Carl Raspe, der zu den führenden Köpfen gehörte und für technische Fragen zuständig war. In der Garage befanden sich immer noch Andreas Baader und Holger Meins, die per Megafon zur Aufgabe aufgefordert wurden. Ein Panzerfahrzeug versperrte den Zugang zu den Garagen. Als dieses zurücksetzte, nutzen die beiden Männer die Gelegenheit zur Flucht, Baader wurde dabei angeschossen und so zogen sich beide wieder zurück, was ihnen nichts nutzte, denn sie saßen in einer Falle. Holger Meins gab schließlich auf und kam bis auf die Unterhose entkleidet heraus. Andreas Baader konnte in der Garage festgenommen werden. Die Polizei stellte dort

Waffen, Handgranaten und andere Sprengsätze sicher. Ferner stand hier ein gestohlener ISO Rivolta, ein italienischer Sportwagen, der über 50.000 DM kostete und fast 300 PS aufwies. Baader war für seine Vorliebe für schnelle Autos bekannt, er fuhr längere Zeit einen BMW, der im Volksmund „Baader-Meinhof-Wagen" genannt wurde.

Wenige Tage nach den Festnahmen in Frankfurt wurde auch Gudrun Ensslin in Hamburg verhaftet. Trotz aller Kritik am kapitalistischen System hatte sie es sich nicht nehmen lassen, in einer Nobelboutique am Jungfernstieg einzukaufen. Bei der Anprobe eines Pullovers hatte sie ihre Jacke abgelegt, die eine merkwürdige Ausbeulung aufwies, was die Verkäuferin aufmerksam werden ließ. Als sie die Umrisse einer Waffe erkannte, informierte sie die Polizei. In Hannover ging Ulrike Meinhof der Polizei ins Netz. Nach diesem Fahndungserfolg vermeldete der damalige Außenminister und Vizekanzler Walter Scheel: „Das Baader-Meinhof-Problem hat sich erledigt." Doch damit sollte er nicht recht behalten.

Jürgen Ponto – Verhängnisvoller Besuch in Oberursel

Der aus einer Hamburger Kaufmannsfamilie stammende Jürgen Ponto verbrachte einen Teil seiner Kindheit in Ecuador, bevor er in Göttingen und Hamburg Rechts- und Staatswissenschaften studierte. Bei der Dresdner Bank arbeitete er als Hausjurist, wurde Vorstandsmitglied und 1969 schließlich Vorstandssprecher. Unter seiner Führung wurde die Dresdner Bank zum zweitgrößten Kreditinstitut der Bundesrepublik ausgebaut. Neben seiner Tätigkeit als Vorstandssprecher versah er weitere Aufgaben; so war er u. a. Vorsitzender des Kreditpolitischen Ausschusses des Bundesverbandes Deutscher Banken, Mitglied in zahlreichen Aufsichtsräten, wie bei AEG, RWE, Hapag Lloyd, Münchner Rück und Bilfinger Berger. Aufgrund seiner profunden Kenntnis und Weitsicht hätte Bundeskanzler Helmut Schmidt ihn gern als Finanzminister gesehen, was Ponto jedoch ablehnte. Wenngleich er der breiten Öffentlichkeit nicht gut bekannt war, so geriet er doch wegen seiner Schlüsselpositionen im Wirtschaftsleben ins Visier der Rote-Armee-Fraktion und wurde zum verhassten Symbol für Kommerz und Kapital.

Am Nachmittag des 30. Juli 1977 saßen Jürgen Ponto und seine Frau Ignes auf der Terrasse ihres Hauses in Oberursel. Da sie eine Reise nach Südamerika antreten wollten, waren ihre Koffer schon gepackt, nun erwarteten sie aber noch Besuch. Susanne Albrecht wollte das Ehepaar Ponto aufsuchen. Sie war die Schwester von Julia Albrecht, dem Patenkind von Jürgen Ponto. Zwischen den Familien Ponto und Albrecht hatte sich im Laufe der Jahre eine Freundschaft entwickelt, Jürgen Ponto kannte Hans-Christian Albrecht, Anwalt für Seerecht, noch aus Studienzeiten, dieser war es wiederum, der die Patenschaft für Corinna Ponto übernahm. Kurz nach 17 Uhr erschien Susanne Albrecht, deren Besuch von ihren Eltern angekündigt worden war. Sie kam aber nicht allein, wie Pontos Fahrer bemerkte, der schon im Hause war und das Ehepaar zum Flughafen fahren sollte. Ihre Begleiter waren Brigitte Mohnhaupt und Christian Klar. Da Susanne Albrecht als alleinige Besucherin angekündigt worden war, muss Jürgen Ponto für einen Moment verunsichert gewesen sein, denn er fragte seinen Fahrer, wie die anderen Besucher denn aussähen. Der Fahrer antwortete: „Ganz manierlich", woraufhin die drei Gäste arglos hereingebeten wurden. Als Ponto nach Überreichung des Blumenstraußes eine Vase holen ging, folgte man ihm und teilte ihm mit, dass er entführt werden solle, worauf er sinngemäß entgegnet haben soll: „Sie sind wohl wahnsinnig."

Zur Entführung kam es nicht, denn er muss versucht haben, Christian Klar die Schusswaffe zu entwenden, weshalb er mit mehreren Schüssen niedergestreckt wurde. Das Trio verließ fluchtartig die Villa. Draußen wartete Peter-Jürgen Boock im Fluchtfahrzeug. Ehefrau Ignes, die im Wohnzimmer mit ihrer Schwägerin telefoniert hatte, alarmierte sofort die Polizei und den Notarzt. Ponto wurde per Hubschrauber in die Frankfurter Universitätsklinik geflogen, wo er noch am gleichen Abend seinen Verletzungen erlag. Kurze Zeit nach dem Attentat erwiesen Tausende bei einem Trauermarsch durch die Frankfurter Innenstadt dem Opfer die letzte Ehre. Die offizielle Trauerfeier fand am 5. August in der Paulskirche statt und wurde im Fernsehen übertragen; zu den geladenen Gästen gehörte auch der Arbeitgeberpräsident Hanns-Martin Schleyer, der genau einen Monat später von der RAF entführt und ermordet wurde. Auch an dieser Tat waren Christian Klar und Brigitte Mohnhaupt beteiligt.

Während der Trauerfeier für Jürgen Ponto explodierte ein Sprengsatz im Gartenhaus auf dem Grundstück der Familie und löste einen Brand aus. Es ist ungeklärt, wie das trotz polizeilicher Bewachung geschehen konnte, die Täter sind bis heute nicht gefasst. Als man der Witwe diese Nachricht überbrachte, brach sie zusammen. Sie hatte in einer Bombennacht in Berlin als 14-Jährige ihre Eltern verloren, durch einen terroristischen Akt ihren Mann und nun gab es einen weiteren Anschlag. Sie verließ mit ihren beiden Kindern Stefan und Corinna Deutschland und siedelte in die USA über. Noch im Jahr der Ermordung gründete sie eine Stiftung, die nach ihrem Mann benannt wurde und junge Menschen in den Bereichen Musik, bildende Kunst und Literatur fördert. Die Jürgen-Ponto-Stiftung vergibt Preise, Stipendien und organisiert Konzerte.

Die Mörder von Jürgen Ponto konnten entkommen. Susanne Albrecht verließ gut zwei Jahre nach der Tat die RAF und tauchte in der DDR unter, wo sie eine neue Identität bekam, später heiratete und den Namen ihres Mannes annahm. Sie wurde nach dem Mauerfall in Ost-Berlin festgenommen und sagte in Stammheim aus. Für

Der Platz vor dem „Silberturm", dem ehemaligen Hauptsitz der Dresdner Bank, trägt seit 1980 den Namen Jürgen Pontos.

Vor der Oberurseler Stadthalle erinnert seit 1984 der Jürgen-Ponto-Brunnen von Claus Bury an das Opfer der RAF.

sie wurde die Kronzeugenregelung geltend gemacht, sodass sich das Strafmaß auf nur zwölf Jahre belief; nach drei Jahren wurde sie Freigängerin und 1996 auf Bewährung entlassen. Sie verdiente ihren Lebensunterhalt als Lehrerin in Bremen, wo sie an einer Schule eines freien Trägers Migrantenkindern Deutschunterricht erteilte, was nach Bekanntwerden trotz eines neuen Namens für großes Aufsehen sorgte.

Christian Klar und Brigitte Mohnhaupt wurden wegen mehrerer Morde und Straftaten 1985 zu je fünfmal lebenslänglich plus 15 Jahren Haft verurteilt. Mohnhaupt wurde 2007 auf Bewährung aus dem Gefängnis Aichach entlassen. Klar versuchte sowohl bei Bundespräsident Johannes Rau als auch Horst Köhler eine Begnadigung zu erreichen, die beide wegen seiner mangelnder Reue ablehnten. Er konnte im Jahr 2008 die Justizvollzugsanstalt in Bruchsal verlassen.

Nach der Tat brach der Kontakt zwischen den Familien Ponto und Albrecht ab, Täter- und Opferfamilie versuchten getrennt, ihre Trauer aufzuarbeiten. Es war Julia Albrecht, die 13 Jahre jüngere Schwester von Susanne, die den Kontakt wiederherstellte, indem sie 2007 an Corinna Ponto schrieb. Sie hatte ihre große Schwester immer bewundert. Nach der Tat musste sie feststellen, dass sie von ihrer Umgebung lediglich als die Schwester der Straftäterin gesehen wurde, wenngleich niemand offen mit ihr darüber redete, wie sie einmal in einem Interview bemerkte. Sie habe sich immer daran geklammert, dass es nicht ihre Schwester gewesen war, die die Schüsse abgegeben hatte, obwohl sie die Unterzeichnerin des Bekennerschreibens war. Nach der Verhaftung konnte Julia im Gefängnis mit ihrer Schwester sprechen, vielleicht gab dieses Gespräch den Anstoß dazu, mit Corinna Ponto ein Buch über diesen Fall zu schreiben.

Julia Albrecht, Corinna Ponto: Patentöchter. Im Schatten der RAF – ein Dialog, Köln 2011.

5.

Vermischtes

Strafverfolgung im Rahmen des Paragrafen 175

Bis 1994 hatte der Paragraf 175 Gültigkeit, in dem es hieß: „Ein Mann, der mit einem anderen Mann Unzucht treibt oder sich von ihm zur Unzucht missbrauchen lässt, wird mit Gefängnis bestraft." Das Strafmaß bewegte sich zwischen sechs Monaten und fünf Jahren. Dieser Paragraf war von den Nationalsozialisten 1935 ergänzt worden (Paragraf 175a), für „schwere Fälle" sah man nun bis zu zehn Jahre Zuchthaus vor. Als „unzüchtige Handlung" konnte schon ein Blickkontakt von Mann zu Mann gelten, jede Zärtlichkeit wurde nun zum Straftatbestand.

Drei Jahre nach Ergänzung des Paragrafen bekam die Frankfurter Gestapo durch ein bayerisches Militärgericht die Aussagen eines homosexuellen Frankfurter Soldaten übermittelt, in denen er Namen seiner Kontakte preisgab. Dies führte zu einer Welle von Verhaftungen; wurden die Frankfurter Kollegen anfangs noch von Mitarbeitern der „Reichszentrale zur Bekämpfung der Homosexualität und Abtreibung" unterstützt, so wurden sie nach den Novemberpogromen des Jahres 1938 allein tätig. Von Juli 1938 bis Februar 1939 wurden in Frankfurt etwa 300 Männer inhaftiert. Dies führte dazu, dass die Frankfurter Schwulenszene aus der Öffentlichkeit fast völlig verschwand. Erst nach dem Zweiten Weltkrieg belebte sich die Szene wieder, es gab stadtbekannte Treffpunkte, wie das Kleist-Kino in der Fressgass 6 und den Felsenkeller im Luginsland 1, dessen Betreiber eine Konzession hatte, die erlaubte, dass Männer miteinander tanzen durften. Die Kleine Bockenheimer Straße, die Alte Gasse und besonders die „Mainterrassen" etablierten sich in der Schwulenszene.

Die Taunusanlage entwickelte sich zum Stricher-Treff. Nach der Gesetzeslage war Homosexualität nach wie vor strafbar, aber die Polizei zeigte sich zunächst zurückhaltend. Der alliierte Kontrollrat hatte zwar einige Gesetze aus der Zeit des Nationalsozialismus außer Kraft gesetzt, die Paragrafen 175 und 175a gehörten jedoch nicht dazu; sie waren in das Strafgesetzbuch der Bundesrepublik übernommen worden.

1950 sollte es zu einer weiteren Verhaftungswelle von Homosexuellen in Frankfurt kommen, einer Aktion, der der ehrgeizige Staatsanwalt Dr. Fritz Thiede vorstand, der schon unter den Nationalsozialisten mit „Unzuchtsangelegenheiten" zu tun hatte. Es war das erste Mal in der Geschichte der jungen Bundesrepublik, dass eine Stadt in

Die „Mainterrassen“ befanden sich westlich des Fahrtors, heute ist dort ein Durchgang zur Alten Mainzer Gasse.

solch massiver Weise gegen Homosexuelle vorging. Dr. Thiede ließ am 16. Juli 1950 den minderjährigen Otto Blankenstein verhaften, der gewerbsmäßig seine Dienste als Stricher anbot. Blankenstein gab etwa 70 Namen von Freiern preis, zu denen er Kontakte hatte. In nicht wenigen Fällen handelte es sich um Familienväter, die nun vom Erkennungsdienst behandelt wurden, wobei auch Fotos von ihnen entstanden, die anderen Strichern vorgelegt wurden. Mit Bekanntwerden der Aktion lebten fortan viele Männer in Angst um ihre bürgerliche Existenz. Blankenstein kam bei dieser Verhaftungswelle eine besondere Rolle zu: Er wurde gewissermaßen wie ein Kronzeuge behandelt, was nach damaligem Strafrecht gar nicht erlaubt war. Er wurde in Sondergewahrsam genommen und nicht im Untersuchungsgefängnis untergebracht. Die Verhöre fanden vielfach im Polizeipräsidium statt. Die Razzia ging weiter, Stricher wurden in Privatautos durch die Stadt gefahren und wiesen von dort auf Männer, die zu ihnen Kontakt pflegten; so wurde gegen mehr als 200 Männer ermittelt.

Am 23. Oktober 1950 kam es zum ersten Prozess. Kurz zuvor war das Gerichtsverfassungsgesetz geändert worden, das die Zuständigkeiten der Richter festlegte. Richter Dr. Kurt Ronimi scherte sich nicht um die Neufassung des Gesetzes und ließ alle Prozesse durch seine Kammer am Landgericht abhalten. Dr. Ronimi war schon unter den Nationalsozialisten als „Hardliner“ in diesen Strafsachen bekannt. Die Presse berichtete über die Verfahren, wodurch die Prozesse bundesweit für Aufsehen sorgten. Blankenstein schien in seiner Rolle richtig aufzugehen, in 40 Verfahren war er der Hauptzeuge oder einzige Zeuge. In zunehmendem Maße wurde in der Öffentlichkeit seine Glaubwürdigkeit infrage gestellt und ein Verteidiger erreichte am Oberlandesgericht in Frankfurt die Erstellung eines psychologischen Gutachtens von Blankenstein, was zur Folge hatte, dass er keine Aussage mehr machte und das laufende Verfahren mit einem Freispruch endete. Einige der Beschuldigten setzten aus Verzweiflung ihrem Leben ein Ende; ein junger Mann sprang vom Goethe-Turm, ein anderer vergiftete sich und wieder andere sahen keine andere Möglichkeit als auszuwandern, ehe es zu einem Verfahren kam. Roger Nash Baldwin, Mitbegründer der American Civil Liberties Union, befand sich zum Zeitpunkt eines Prozesses mit Bundespräsident Theodor Heuss bei einer Kundgebung für Bürgerrechte in der Paulskirche und äußerte sich befremdet darüber, dass derartige Prozesse im 20. Jahrhundert möglich seien. Im „Spiegel" erschien am 29. November 1950 das folgende Zitat eines Rechtsanwalts: „Die menschliche Bilanz der Verfahren werden wir erst später ziehen können, wenn wir die Selbstmorde, die vernichteten Existenzen und die vielleicht 150 Jahre Gefängnis der ersten Prozesse addieren." Der Druck der Öffentlichkeit führte schließlich dazu, dass Dr. Ronimi Ende 1951 nach Hanau im Rahmen einer „Beförderung" versetzt wurde und Dr. Thiede Fälle an Kollegen abtreten musste. Als es im Februar 1951 zum Prozess gegen Blankenstein kam, waren seine „Beschützer" nicht mehr für ihn zuständig. Er wurde in einer öffentlichen Verhandlung, was nach dem Jugendgerichtsgesetz ungewöhnlich war, zu einer Jugendstrafe von zweieinhalb Jahren verurteilt. Von sieben Monaten Untersuchungshaft wurden nur vier angerechnet, was insgesamt eine hohe Strafe war.

Der Leserbrief einer verzweifelten Mutter in der „Frankfurter Rundschau", die in Sorge war, dass ihr homosexueller Sohn sich in Anbetracht eines Verfahrens etwas antun würde, regte Rolf Italiaander zu einem Theaterstück an. Es wurde am 2. April 1952 in den Hamburger Kammerspielen in einer Inszenierung von Ida Ehre uraufgeführt. Der Titel des Einakters lautet: „Das Recht auf sich selbst". Es war das erste Theaterstück nach dem Krieg, das sich mit dem Thema „Homosexualität" befasste.

Noch Mitte der 1960er-Jahre wurden in Deutschland jährlich etwa 3.000 Männer nach Paragraf 175 verurteilt. Zur Zeit der Großen Koalition liberalisierte man im Jahr 1969 den Paragrafen, damit kam es nur zum Straftatbestand, wenn Minderjährige

Der „Frankfurter Engel“ von Rosemarie Trockel auf dem Klaus-Mann-Platz.

involviert waren. Erst 1994 wurde er ganz abgeschafft. Die Weltgesundheitsorganisation WHO führte Homosexualität bis Anfang der 1990er-Jahre in der International Classification of Diseases (ICD) als Krankheit unter dem Kürzel 302.0. Als man sich entschied, Homosexualität von dieser Liste zu streichen, waren schlagartig viele Menschen gesund. Der 17. Mai gilt als Internationaler Tag gegen Homophobie.

Seit 1994 erinnert der „Frankfurter Engel" von Rosemarie Trockel an die homosexuellen Opfer des Nationalsozialismus. Es ist eines von mehreren Mahnmalen dieser Art in Europa. Neben Gedenkstätten für schwule Opfer des Nazi-Regimes in Konzentrationslagern entstanden Mahnmale im öffentlichen Raum. Das erste wurde 1987 in Amsterdam in der Nähe der Westerkerk der Öffentlichkeit übergeben; es handelt sich um rosafarbene Granitplatten in Dreieckform, die im Boden eingelassen sind und an den rosa Winkel erinnern, das Kennzeichen, das Homosexuelle in Konzentrationslagern als Zeichen der untersten Kategorie tragen mussten. Weitere Mahnmale folgten am Nollendorfplatz in Berlin, in Bologna und Den Haag.

Für das Werk in Frankfurt wurden verschiedene Künstler um einen Entwurf gebeten, hierzu zählten auch Jeff Wall und Stephan Balkenhol. Den Zuschlag allerdings bekam die Künstlerin Rosemarie Trockel. Die Gedenkstätte, die aus einer Privatinitiative entstand, befindet sich auf dem Klaus-Mann-Platz, benannt nach dem homosexuellen Sohn von Thomas Mann. Im Umfeld des Plätzchens finden sich Einrichtungen schwuler Infrastruktur. Trockel ist vielfach für raumgreifende Installationen bekannt, von denen einige im Museum für Moderne Kunst und in den Gartenhallen des Städel zu sehen sind. Gelegentlich wirken ihre Werke konventionell, man muss schon genau hinschauen, um zu bemerken, worum es eigentlich geht. Das ist auch hier der Fall. Zunächst hat sie auf dem Plätzchen eine Art „Friedhofsatmosphäre" mit Hecken und Bänken geschaffen, die zum Verweilen einladen. In einer klassischen Kreuz-Kreis-Formation befindet sich die Skulptur des „Frankfurter Engels". Um die Inschrift am Sockel zu lesen, muss man sich hinabbeugen, es steht dort: „Homosexuelle Männer und Frauen wurden im Nationalsozialismus verfolgt und ermordet. Die Verbrechen wurden geleugnet, die Getöteten verschwiegen, die Überlebenden verachtet und verurteilt. Daran erinnern wir in dem Bewusstsein, dass Männer, die Männer lieben, und Frauen, die Frauen lieben, immer wieder verfolgt werden können. Frankfurt am Main, Dezember 1994."

Hiermit erschließt sich das Werk. Trockel orientierte sich an einem Engel, der ursprünglich das Westportal des Kölner Domes geschmückt hat. Man muss dazu anmerken, dass es den eigentlichen Engel nicht mehr gibt, wohl aber einen Gipsabguss. Davon hat die Künstlerin einen Wachsabguss gemacht, den sie veränderte und in Bronze gießen ließ. Man könnte zunächst meinen, dass es sich um eine klassische Skulptur handelt, wie sie sich vielfach in oder an Kirchen finden. Dieser

Engel allerdings weist Verletzungen auf: Die Spitze des linken Flügels fehlt, der rechte Flügel ist nur noch zur Hälfte vorhanden und der Kopf wurde abgeschlagen und in veränderter Form wieder angesetzt. Die Blickrichtung ist auf das Gerichtsgebäude ausgerichtet und verweist somit auf die Rolle der Justiz im Zusammenhang mit dem Paragrafen 175. Zur Zeit des Nazi-Regimes wurden etwa 100.000 Männer wegen ihrer Homosexualität erfasst, viele wurden wegen ihrer sexuellen Orientierung in Konzentrationslager oder Zuchthäuser gebracht oder zwangssterilisiert.

Brandstiftung im Opernhaus

Die frühen Morgenstunden des 12. November 1987 sollten in die Geschichte der Städtischen Bühnen in Frankfurt eingehen. Nach einer erfolgreichen Aufführung von „Così fan tutte", die Gary Bertini dirigiert hatte, wurde um kurz nach 3 Uhr Feueralarm ausgelöst. Zunächst wurde die Hausfeuerwehr mit ihrer Brandzentrale informiert, wenig später die Feuerwache 1. Das Bühnenhaus der Frankfurter Oper stand lichterloh in Flammen. Wo vor einigen Stunden noch Fiordiligi, Ferrando und Dorabella die Besucher mit ihrer Gesangskunst begeistert hatten, bahnten sich nun die Flammen ihren Weg. Der „Eiserne Vorhang" glühte rot, zu den Seiten brannten die Beleuchterbühnen und auch die ersten Sitzreihen im Zuschauerraum waren schon zu Schaden gekommen.

Nachdem es in zahlreichen Opernhäusern wie Wien, London, Paris und Venedig zu verheerenden Bränden gekommen war, weil unachtsam mit Kerzenlicht oder Gasbeleuchtung umgegangen worden war, führte man Ende des 19. Jahrhunderts eine Schutzvorrichtung ein, den „Eisernen Vorhang", der den Zuschauerraum von der Bühne trennte, um im Falle eines Brandes Sicherheit für die Besucher zu garantieren. Dieses Bild von der Trennung zweier Bereiche verwendete Winston Churchill in einer seiner berühmtesten Reden im März 1946, in der er die Sowjetunion als Feind des Westens erklärte. Damit fand der „Eiserne Vorhang" aus der Bühnentechnik Eingang in die politische Terminologie.

Der Bühnenturm stürzte ein und es wurde höchste Alarmstufe gegeben; die gesamte Berufsfeuerwehr war vor Ort. Da sie dem Brand allein nicht Herr werden konnte, wurden schließlich auch die Freiwilligen Feuerwehren aus Oberrad, Unterliederbach,

Seckbach und Enkheim hinzugeholt. Die Flammen züngelten 20 Meter hoch in den Himmel; Staub und Asche flogen durch die Luft und umliegende Bauwerke, wie das Hotel „Frankfurter Hof" in der Kaiserstraße, mussten vor einem Übergreifen des Feuers geschützt werden. Es war in der Nacht sehr böig und der Wind fachte einzelne Brandherde immer wieder neu an. Schließlich fing noch das Farbenlager der Bühnenbildner Feuer, wodurch ein weiterer Brandherd entstand. Die Versorgungsleitungen reichten nicht aus, um die Brandstellen mit genügend Wasser zu bekämpfen, es mussten Schlauchleitungen zum Main gelegt werden, um zusätzlich Wasser zur Verfügung zu haben. Während der Löscharbeiten gelang es immerhin unter schwierigen Bedingungen, Instrumente von der Probebühne zu retten. Erst nach sechs Tagen war der Brand endgültig gelöscht und es bestand keine Gefahr mehr. Die Keller wurden leer gepumpt und die Aufräumarbeiten konnten beginnen.

Opernliebhaber standen nun vor den Trümmern des Hauses, das über die Grenzen hinaus einen hervorragenden Ruf genießt; der damalige Kulturdezernent Hilmar Hoffmann soll gesagt haben: „Das ist der deprimierendste Tag meiner Frankfurter Tätigkeit." Auch der amerikanische Komponist John Cage, dessen Oper „Europeras 1 & 2" in Kürze uraufgeführt werden sollte, war fassungslos.

Die Oper Frankfurt wurde mehrfach als „Oper des Jahres" ausgezeichnet.

Das Bockenheimer Depot entstand Ende des 19. Jahrhunderts für die Straßenbahn, heute ist es eine beliebte Spielstätte.

Noch in der Nacht hatte ein junger Aussiedler aus der DDR bei der Polizei angerufen und sich zu der Tat bekannt. Während seines Bekenntnisses aus einer Telefonzelle an der Ecke Seilerstraße/Klapperfeldstraße wurde er von dem Beamten in ein Gespräch verwickelt, sodass der Anrufer ausfindig gemacht und verhaftet werden konnte. Der Täter Michael W. wurde gegen 6.30 Uhr in Gewahrsam genommen. Bei seinem Geständnis soll er gesagt haben, dass er den Brand gelegt habe, weil er mit der Welt „fertig" sei. Durch ein gekipptes Kellerfenster an der Westseite der Städtischen Bühnen war er ins Innere gelangt, um etwas zu essen zu suchen. Als er nicht fündig wurde, habe er aus „Frust" eine Zeitung angezündet. Psychologen attestierten dem wohnsitzlosen Mann eine gestörte Persönlichkeit und Schuldfähigkeit. Im März 1989 wurde er vor dem Landgericht in Frankfurt zu sieben Jahren Haft verurteilt, die er nicht vollständig abbüßen musste. Im Jahr 1992 wurde er freigelassen.

Der von ihm durch den Brand verursachte Schaden belief sich auf über 100 Mio. DM, die Kosten des Wiederaufbaus, der sich dreieinhalb Jahre hinzog, lagen bei etwa 170 Mio DM. Bis die Spielstätte wieder genutzt werden konnte, fanden die Opern auf der Bühne des Schauspiels statt, die unversehrt geblieben war. Hier wurde auch die Oper von John Cage uraufgeführt. Schauspielaufführungen wurden fortan im Bockenheimer Depot dargeboten, das sich als Ausweichquartier etablierte.

Das Polizeipräsidium an der Adickesallee, in dem auch das 3. Polizeirevier untergebracht ist, verfügt neben Büros für die mehr als 2.000 Mitarbeiter über Schießstände, eine Turnhalle, einen Kraftraum, einen Hubschrauberlandeplatz und einen Polizeigewahrsam mit Haftzellen für über 100 Personen.

Kriminalmuseum Frankfurt

Die Anfänge dieses Museums, das die Museumslandschaft Frankfurts auf besondere Art bereichert, liegen in den 1920er-Jahren, als Justizbeamte und Gerichtsmediziner begannen, Objekte im Zusammenhang mit ihrer Tätigkeit zu sammeln. Es sollte eine Lehrmittelsammlung entstehen, die ursprünglich Staatsanwälten, Jurastudenten und Polizisten offenstehen sollte, um sich weiterzubilden. Wie auch bei vielen anderen Museen wurden Teile der Sammlung im Zweiten Weltkrieg zerstört oder kamen abhanden; glücklicherweise jedoch führte Polizeipräsident Willy Klapproth ab 1948 die begonnene Arbeit fort und ergänzte die Exponate.

Als der Neubau des Polizeipräsidiums an der Adickesallee bezogen wurde, beschloss man, die Sammlung auch der Öffentlichkeit zugänglich zu machen. Die „Premiere" fand im Juni 2003 am Tag der offenen Tür statt, im Jahr darauf nahm das Museum an der „Nacht der Museen" teil und erlebte auch zu diesem Ereignis einen Besucheransturm.

Auf etwa 200 Quadratmetern kann man nicht nur Uniformen der Polizei seit 1900 anschauen, in Vitrinen erinnern Fälscherutensilien, Falschgeld in bemerkenswerter Stückelung und Schmuggelbehälter an längst vergangene Straftaten. Es gibt auch kuriose Objekte wie Schießkugelschreiber, einen doppelwandigen Benzintank für Schmugglerzwecke und eine Diebesschürze, die mit dem freundlichen Wunsch „Viel Glück" versehen wurde. Für Waffenliebhaber gibt es seit 2005 eine eigene Abteilung. Abbildungen und Objekte verdeutlichen zahlreiche Verbrechen, von denen einige in diesem Buch behandelt werden. Der Hammer des „Hammermörders" findet sich dort ebenso wie Informationen zu den Fällen Rosemarie Nitribitt und Helga Matura. An die Thomy-Erpressung erinnern die Schreiben an die Firma Nestlé, eine ausgestopfte Taube und Käfige, in denen die Tauben transportiert worden waren. Zu den kuriosen Exponaten gehört ein Spesenbuch der Polizei aus den 1950er-Jahren; hier wurde akribisch vermerkt, wie viele Zigaretten oder wie viel Weinbrand ein Polizist bekommen hatte, der in einer psychisch belastenden Mordsache zu ermitteln hatte; Zigaretten und Alkohol sollten bei der Verarbeitung des Erlebten helfen, psychologische Betreuung gab es noch nicht.

Henry Jaegers Erstlingswerk „Die Festung" wurde in über zehn Sprachen übersetzt, seine später erschienen Bücher mit den Titeln „Der Club", „Das Freudenhaus" und „Die Schwestern" waren weit weniger erfolgreich.

Neben manipulierten Zigarettenautomaten vermitteln aufgeschweißte Tresore einen Eindruck von den „Schränkern", wie Verbrecher genannt wurden, die Tresore aufbrachen.

Da es im Kriminalmuseum grausige Ausstellungsstücke gibt, wie eine in Formalin eingelegte menschliche Hand oder Abbildungen von autoerotischen Unfällen, ist Kindern unter 14 Jahren der Besuch nicht gestattet.

Führungen (von Montag bis Freitag) müssen individuell vereinbart werden. Es werden Gruppen ab 10 Personen (max. 25 Personen) geführt.

Der Eintritt ist frei, aber um eine Spende wird gebeten.
Anmeldung: 069-755 82 007
www.kmffm.de

Literaturliste

ALBRECHT, JULIA, PONTO, CORINNA: Patentöchter. Im Schatten der RAF – ein Dialog, München 2012.

BASTIAN, TILL: Homosexuelle im Dritten Reich. Geschichte einer Verfolgung, München 2000.

BERGER, FRANK, SETZEPFANDT, CHRISTIAN: 101 Unorte in Frankfurt. Frankfurt a. M. 2011.

BERGER, FRANK, SETZEPFANDT, CHRISTIAN: 102 neue Unorte in Frankfurt. Frankfurt a. M. 2012.

BERGER, FRANK, SETZEPFANDT, CHRISTIAN: 103 Unorte in Frankfurt. Frankfurt a. M. 2013.

BROMBERGER, BARBARA, MAUSBACH, KATJA: Frauen und Frankfurt. Spuren vergessener Geschichte, Frankfurt a. M. 1987.

FRANKFURTER RUNDSCHAU GESCHICHTE (HRSG.): Die 40er-Jahre in Frankfurt, Frankfurt 2010.

FRANKFURTER RUNDSCHAU GESCHICHTE (HRSG.): Die 50er-Jahre in Frankfurt, Frankfurt 2011.

FRANKFURTER RUNDSCHAU GESCHICHTE (HRSG.): Die 60er-Jahre in Frankfurt, Frankfurt 2012.

GALL, LOTHAR (HRSG.): FFM 1200. Traditionen und Perspektiven einer Stadt, Sigmaringen 1994.

GEBHARDT, VOLKER: Kunstgeschichte Malerei, Köln 1997.

HAHN, NIKOLA: Die Detektivin. München 2001.

KICKHEFEL, FRED: Frankfurter Geschichte(n). Das Buch zur Serie der Frankfurter Rundschau, Gudensberg-Gleichen 2006.

KRAUS, KURT (HRSG.): Geschichte der Frankfurter Polizei in Wort und Bild. Pressestelle Polizeipräsidium Frankfurt, Frankfurt 1981.

LEWEKE, WENDELIN: „Gretchen“ und die Nitribitt. Frankfurter Kriminalfälle, Frankfurt a. M. 1991.

LÜCKE, ELISABETH: Spurensuche Frankfurt am Main. Rundgänge durch die Geschichte, Erfurt 2008.

LUXEMBURG, ROSA: Briefe aus dem Gefängnis, Hamburg 2010.

Schild, Wolfgang: Die Geschichte der Gerichtsbarkeit. Vom Gottesurteil bis zum Beginn der modernen Rechtsprechung, Hamburg 2002 (Lizenzausgabe).

Schwarz, Martin Maria, Sonnenschein, Ulrich (Hrsg.): Hessen kriminell. Orte des Verbrechens in Hessen, Marburg 1999.

Steiger, Christian: Rosemarie Nitribitt. Autopsie eines deutschen Skandals, Königswinter 2007.

Walter, Ingo F. (Hrsg.): Malerei der Welt. Eine Kunstgeschichte in 900 Bildanalysen. Von der Gotik bis zur Gegenwart, Köln 1999.

Zibell, Stephanie: Gemeuchelt! Mörder und Gemordete in Rhein-Main, Frankfurt a. M. 2010.

Desweiteren wurden zur Recherche verschiedene Publikationen aus den folgenden Zeitungen und Zeitschriften zu Rate gezogen:

Frankfurter Allgemeine Zeitung
Frankfurter Neue Presse
Frankfurter Rundschau
Handelsblatt
Spiegel
Stern
Süddeutsche Zeitung

Personenregister

In diesem Verzeichnis finden Sie ausschließlich die für die Kriminalfälle relevanten Personen.

Ortsregister

Dieses Verzeichnis enthält ausschließlich Orte, die mit den Kriminalfällen in engem Zusammenhang stehen.

Danksagung

Mein Dank gilt Brigitta Nölle und Christian Setzepfandt für hilfreiche Anregungen und tatkräftige Unterstützung. Meinen Söhnen Arne und Jan Hauke danke ich für die Hilfe am PC und kritische Kommentare. Besonders bedanken möchte ich mich beim Team des Sutton Verlages, das immer ein offenes Ohr für meine Fragen hatte.

Bildnachweis

Philipp Kerner: S. 75
Firma M. Schneider Frankfurt GmbH & Co. KG: S. 96
Christian Setzepfandt: S. 19, 55, 62, 85, 106
Die Fotos auf den Seiten 48, 57 und 63 stellte freundlicherweise das Kriminalmuseum Frankfurt zur Verfügung, das auch die Erlaubnis erteilte, die Fotos von den Exponaten des Museums auf den Seiten 15, 80 und 116 zu veröffentlichen.
Herzlichen Dank an alle Beteiligten!
Die nicht genannten Aufnahmen stammen aus dem Besitz der Autorin.

Buchhinweise

Ich bin ein Mörder
Ein Frankfurt-Krimi
Brigitte Pons
12,00 €
ISBN: 978-3-86680-864-5

Eiskalte Ekstase
Ein Frankfurt-Thriller
Eva Lirot
12,00 €
ISBN: 978-3-86680-956-7

Buchhinweise

Westend Blues
Ein Katharina-Klein-Krimi
aus Frankfurt am Main
Helmut Barz
12,00 €
ISBN: 978-33-86680-484-5

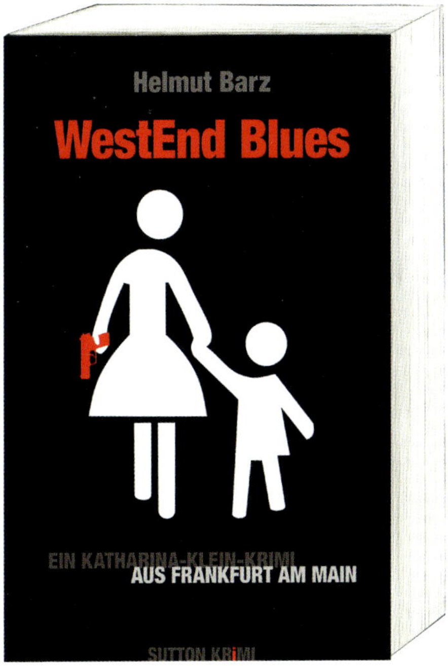

Moderholz
Ein Gartenkrimi
aus Frankfurt am Main
Berndt Schulz
12,00 €
ISBN: 978-3-86680-954-3

Weitere Bücher finden Sie unter:
www.suttonverlag.de